WESTEND

JUDITH SEVINÇ BASAD

SCHÄM DICH!

Wie Ideologinnen
und Ideologen
bestimmen, was gut
und böse ist

WESTEND

Mehr über unsere Autoren und Bücher:
www.westendverlag.de

Die Deutsche Nationalbibliothek verzeichnet diese Publikation in
der Deutschen Nationalbibliografie; detaillierte bibliografische Daten
sind im Internet über http://dnb.d-nb.de abrufbar.

ISBN 978-3-86489-212-7
2. Auflage
© Westend Verlag GmbH, Frankfurt/Main 2021
Umschlag: Buchgut Berlin
Satz: Publikations Atelier, Dreieich
Druck und Bindung: CPI - Clausen und Bosse, Leck
Printed in Germany

Für Gisela und Ali Yalcin Basad (R.I.P.)

Inhalt

Die Lernerfahrung

Deutschland im Jahr 2014. Der Sender ZDFneo strahlt die Dokumentation »Der Rassist in uns«[1] aus, in der ein Diversity-Workshop begleitet wird. Die Teilnehmer sollen hier anhand des »Blue-Eyed«-Konzepts lernen, wie Rassismus und Diskriminierung in der Gesellschaft entstehen. Das Vorgehen: Menschen mit blauen Augen bekommen einen Kragen um den Hals und werden von dem Coach systematisch schlechter behandelt. Das Ziel: Menschen mit weißer Hautfarbe sollen »spüren«, wie sich der Alltag für Menschen mit dunklerer Hautfarbe anfühlt, und somit für Rassismus »sensibilisiert« werden.

Die Menschenverachtung, die in diesem Film vorgeführt wird, hält man als Zuschauer nur schwer aus. So werden die »Blauäugigen« wie Kriminelle einzeln abgeführt, für längere Zeit in einen Raum eingesperrt und von einer Videokamera überwacht. Während die Teilnehmer mit braunen Augen in einem anderen Raum mit Getränken und Essen versorgt werden, müssen die »Blauäugigen« hungern. Die isolierte Gruppe weiß nicht, was mit ihr passiert. Stattdessen kommen immer wieder Security-Männer in den Raum und schüchtern einzelne Teilnehmer ein, gehen aggressiv auf sie zu, starren sie an oder werden handgreiflich.

Nach einer Weile werden die »Blauäugigen« auf eng nebeneinander gestellte Stühle in die Mitte eines anderen Raumes gepfercht. Um sie herum, teilweise auf einem höher liegenden Podest, sitzen die »Braunäugigen«, die der Coach, Jürgen Schlicher, nach eigenen Angaben Trainer für »Diversity-Management, Nicht-Diskriminierung und Interkulturalisierung«, zuvor gegen die »Blauäugigen« aufgehetzt und in das Experiment eingeweiht hat: Es sei ihre Pflicht, die »Blauäugigen« mit ihm zusammen fertig zu machen – also das Spiel mitzuspielen –, weil weiße Menschen nur so »eine Lernerfahrung« machen könnten.

Und diese »Lernerfahrung« hat es in sich. So werden die »Blauäugigen« von Schlicher gezwungen, rassistische Sprüche von Plakaten vorzulesen, in denen Menschen mit blauen Augen erniedrigt werden. »Wir können nicht zulassen, dass Blauäugige in Deutschland unsere Sozialsysteme ausnutzen«, »Blauäugige sind total undemokratisch«, »Kennst du einen Blauäugigen, kennst du alle«, steht dort. Zuvor erzählte Schlicher den »Braunäugigen«, dass Menschen mit blauen Augen dümmer seien, weil zu viel Licht in ihr Gehirn eintrete, was die Gehirnzellen schädige.

Permanent geht Schlicher Menschen aggressiv an, lacht sie aus, beleidigt sie oder schnippt ihnen mit der Hand vor dem Gesicht herum. Schnell wird klar: Menschen sollen hier anhand ihrer Augen- und Hautfarbe gebrochen werden. Mit Erfolg. Denn am Ende des Workshops hält die Kamera minutenlang auf die Gesichter einiger »Blauäugiger«, die mit den Tränen kämpfen.

Doch es wird noch schlimmer. »Hast du einen nervösen Tick, der dich irgendwie zwingt, mich so blöd anzugrinsen?«, herrscht Schlicher die junge weiße Teilnehmerin Nele an. »Liegt mir in der Natur«, entgegnet sie frech. »Das ist mir scheißegal. Hör auf, mich so dämlich anzugrinsen, wenn ich dich ansehe. Ich könnte das persönlich nehmen, und das möchtest du nicht. Verstanden?« Einige Zeit später fordert Schlicher die junge Frau auf, sich auf den Boden zu setzen. Doch Nele protestiert. Sie wehrt sich gegen den Coach, der sie dann aus dem Seminar schmeißt.

Als sie geht, wird Nele von Schlichers Kollegin verfolgt und zur Rede gestellt: »Ist dir klar, was das bedeutet, wenn du das Seminar verlässt? Ist dir klar, dass es in unserer Gesellschaft Menschen gibt, die diskriminiert werden? Ist dir klar, dass das Leute sind, die so aussehen wie der Mann, der neben dir steht?«, fragt die Frau und zeigt auf den schwarzen Moderator Amiaz Habtu. »DU kannst deinen Kragen abnehmen. ER kann das nicht. Willst du nicht wissen, wie sich Diskriminierung anfühlt?«, schnauzt sie Nele an.

Es ist mehr als deutlich: Weil Schwarze im Alltag Rassismus erfahren, soll Nele diesen Schmerz jetzt auch erfahren. Und Nele soll sich dafür schämen, dass sie zu den Weißen gehört, die in Deutschland Schwarzen das Leben schwer machen. Nele wird also nicht nur wegen ihrer Hautfarbe ein schlechtes Gewissen eingeredet, ihr wird auch vorgeworfen, dass ihr das Leid von Schwarzen egal sei und dass sie zur ignoranten, rassistischen Masse der Weißen gehöre. Nele *muss* also leiden, weil sie nur durch diesen Schmerz ein besserer Mensch werden kann.

Kein Zweifel: In Deutschland werden dunkelhäutige Menschen, Muslime und LGBTQs[2] diskriminiert und ausgegrenzt. Natürlich ist das ein Missstand, über den man aufklären und mit dem sich die Gesellschaft beschäftigen muss. Aber rechtfertigt das Vorhandensein von Rassismus, dass man Menschen aufgrund ihrer Hautfarbe und dann auch noch vor Kameras derart fertigmacht?

In der Doku wird auch das schon genannte »Blue Eyed«-Konzept vorgestellt, das die US-amerikanische Lehrerin Jane Elliott in den 70er-Jahren an ihrer Grundschule entwickelt hat. Es werden Viertklässler gezeigt, denen man einen Kragen umbindet. Dann wird die Lehrerin eingeblendet, die ein Bild eines traurigen Schülers in der Hand hält: »Die Fotos zeigen, was aus einem glücklichen Kind wird, wenn man ihm einen Kragen um den Hals bindet und ihm sagt, dass es minderwertig ist – und es damit in ein ängstliches, verletzliches, eingeschüchtertes Kind verwandelt«, erzählt die Antirassismus-Aktivistin.

Diesen Satz muss man auf sich wirken lassen: Um Rassismus in der Gesellschaft zu bekämpfen, sollen Grundschulkinder herabgesetzt, verängstigt und verletzt werden. Die Doku selbst wirbt damit, dass man mit diesen Methoden eine »diskriminierungsfreie Atmosphäre« schaffen könne. Oder anders gesprochen: Psychischer Schmerz, Rassismus und Psychoterror scheinen hier ein notwendiges Übel zu sein, um den Weg in eine bessere Gesellschaft zu ebnen.

Nun könnte man Jane Elliott und ihre Fans vom ZDF auch als Spinner bezeichnen, als nicht ernst zu nehmende Einzelfälle, die es in jeder politischen Bewegung gibt. Wäre es doch so. Denn Jürgen Schlicher wurde nicht nur von Elliott ausgebildet. Er leitet auch eine Diversity-Initiative[3], mit der er große Konzerne wie Ikea, Vodafone und L'Oréal, aber auch Bund und Länder in Sachen Diskriminierung berät. Zudem gründete er die Organisation »Schule ohne Rassismus – Schule mit Courage«, die den Blue-Eyed-Workshop auch an deutschen Schulen[4] durchführt.

All diese Fakten sind im Netz frei zugänglich und werden in der Doku dargelegt. Dennoch feiern auch die deutschen Feuilletons den Film. Spiegel Online lobt die Sendung etwa, in der es »tatsächlich aufrüttelnde Momente«[5] gebe, die Süddeutsche spricht von einem »erhellenden Psychoterror« und einer »beeindruckenden Folter«[6], der man sich besser unterziehen solle, um Rassismus »mit allen Konsequenzen« zu begreifen. Der Tagesspiegel findet das Format gut und empfiehlt, es weiter auszubauen[7]. »Ein Fall für das Hauptprogramm«, schreibt der Stern.[8] Im Jahr 2016 wurde ein solcher Workshop zudem vom Bundesministerium für Familie, Senioren, Frauen und Jugend im Rahmen des Modellprojektes »Demokratie leben!« finanziert.[9]

Wie kann es sein, dass fast 70 Jahre nachdem Martin Luther King von einer Zukunft träumte, in der Menschen nicht mehr nach ihrer Hautfarbe bewertet werden, genau das Gleiche wieder geschieht? Wie kann es sein, dass die autoritären Erziehungsmethoden der Generation unserer Großeltern nicht nur wieder salonfähig, sondern auch als »progressiv« gefeiert werden? Und wie kann es sein, dass sich kein politischer oder medialer Widerstand regt?

Lassen wir John Lennon einfach träumen

Stell dir eine Welt vor, in der es keinen Besitz, keine Gier, keinen Hunger und keine Grenzen gibt. Nichts mehr, wofür wir töten oder sterben müssten, und auch keine Religionen. Stell dir vor, alle Menschen könnten in Frieden leben. Kannst du das überhaupt?

Das sind Zeilen aus dem Lied »Imagine«, mit dem John Lennon in den 70ern einen Welthit landete. »Du magst vielleicht denken, dass ich ein Träumer bin, aber ich bin nicht der einzige«, heißt es dort weiter. Und der Beatle hat Recht. Denn der Traum von einer perfekten Welt ist nicht nur so romantisch und schön wie Lennons Musik. Er ist auch sehr alt.

Platon war der Erste, der in der Antike einen Dialog schrieb, in dem er sich Gedanken über den idealen Staat machte. Der Engländer Thomas Morus, Staatsmann und katholischer Märtyrer, übernahm dann im frühen 16. Jahrhundert ein paar von Platons Motiven und verarbeitete sie in einer Geschichte. Dort erzählt Morus von dem Seemann Raphael Hythlodeus, der nach einem Schiffbruch an einer versteckten Insel mit dem Namen »Utopia« strandet.

Der Staat und die Gesellschaft, die der Seemann hier kennenlernt, sind perfekt: Denn die Utopia geht so gut auf die Bedürfnisse und das Wohlergehen der Bürger ein, dass alle in absoluter Harmonie miteinander leben. Gleichzeitig betreibt der Staat eine derart progressive und moderne Politik, dass der durch den Feudalismus geprägte Engländer mit offenem Mund herumsteht und sich wie ein Hinterwäldler vorkommt.

Mit dieser Geschichte gab Morus der Idee der vollkommenen Welt ihren Namen: die Utopie. Einige Autoren aus der frühen Neuzeit schrieben dann weitere Utopien, die aber alle an Morus' Geschichte angelehnt waren. Da gab es etwa die »Nova Atlantis« von Francis Bacon, in der die Bewohner neue Pflanzenarten züchten, unvorstellbare Experimente durchführen und an sagenhaften Erfindungen arbeiten. Auch in der Utopia berichtet Hythlodeus von feuerfesten Häusern und modernen Waffen. Kurz: Die Utopien gehen immer mit der Sehnsucht nach Innovation, Fortschritt, Zukunft und neuer Technologie einher, weswegen Utopia auch die Vorlage für die moderne Science-Fiction bot.

Und auch in der Popkultur findet man die Utopie wieder. Im Film »The Beach« entdeckt Leonardo DiCaprio auf einer thailändischen Insel eine Community, die ein paradiesisches Leben ohne Sorgen führt. Und die linke Rap-Gruppe »K. I. Z.« erzählt in dem Lied »Hurra, die Welt geht unter«, wie sich Berlin nach einem Atomkrieg in eine pazifistische Idylle verwandelt.

Aber kann die Utopie auch umgesetzt werden? Nehmen wir mal an, es wäre möglich. Dann würden wir auf folgende Probleme stoßen:

Erstens: Wie soll der perfekte Staat genau aussehen? Man bräuchte nicht nur ein besseres politisches System, sondern auch eine neue Kultur, neue Normen, Rituale und Bräuche, neue politische und gesellschaftliche Mechanismen, die so aufeinander abgestimmt sind, dass niemand benachteiligt wird und keine Armut, Kriege und Ungleichheiten entstehen. Aber wie soll das funktionieren? Ist der Staat eine Demokratie? Eine Monarchie? Ist er kapitalistisch oder sozialistisch organisiert?

Das zweite Problem: Wer besitzt das Wissen über das perfekte System, das die Aufgabe unserer bestehenden Ordnung lohnenswert machte? Und wie können wir sicher sein, dass der neue Staat nicht nur auf dem Papier, sondern auch in der Realität funktioniert? Und: Wer entscheidet über den Systemwechsel? Das ganze Volk, seine politischen Vertreter oder nur eine kleine Gruppe besonders intelligenter Wissenschaftler?

Diese Probleme werden in den Geschichten von Morus bis K. I. Z. einfach gelöst: Es wird beobachtet, was in der Gesellschaft schiefläuft und warum die Menschen leiden. Dann werden die Gründe für das Leid auf simple Ursachen verkürzt – die man danach ganz einfach aus der Welt schafft.

Und egal, ob es sich um Geschichten aus der frühen Neuzeit oder Musikhits handelt – es sind immer dieselben Gruppen, die für das gesamte Leid der Welt verantwortlich gemacht werden: »die Reichsten« oder »das Establishment«. Sind es bei Morus der Adel und die gierigen Kaufleute, die die Armut im England des 16. Jahrhunderts verursachen, sind es bei K. I. Z. die großen Konzerne wie Nestlé, McDonald's oder die Deutsche Bank, die dem Glück der Menschheit im Weg stehen.

Die Kernbotschaft der Utopien ist also über Jahrhunderte gleich geblieben: Man muss nur das Privateigentum abschaffen und die Reichsten enteignen, um im absoluten Glück zu leben. Aber damit nicht genug. Es müssen auch eine neue Kultur, neue Normen und – vor allem – eine neue Moral her, die sich gegen das Besitzdenken stellt. So sind in Utopia Würfel- und Glücksspiele verboten, weil sie die Menschen zu Gier und Völlerei anregen könnten. Und Reichtümer sind derart verpönt, dass Kinder mit Gold und Edelsteinen spielen, weil sie keine Ahnung haben, was Luxus bedeutet. Auch bei K. I. Z. haben die Kids das Verständnis für die kapitalistische Warenlogik verloren: »Ein Goldbarren ist für uns das Gleiche wie ein Ziegelstein«. Und: »Ein Hundert-Euro-Schein? Was soll das sein? Wieso soll ich dir was wegnehmen, wenn wir alles teilen?«

Auch dem nervigsten Leid unseres Alltags geht es in den Utopien an den Kragen: der Lohnarbeit. Schon Morus ließ seine Utopier nur sechs Stunden am Tag arbeiten, weil sein perfektes System mehr nicht braucht. Kurz: Die Dinge, die in der Gegenwart zu massiven Ungerechtigkeiten führen wie das kapitalistische System, die Lohnarbeit oder die allgegenwärtige Staatsmacht, werden in den Utopien einfach abgeschafft, damit sich das Glück – wie magisch – von selbst einstellt.

So einfach ist das natürlich nicht – was auch Thomas Morus wusste. Deswegen nannte er die Utopie auch so, wie er sie nannte: »Ou«-»Topos« bedeutet auf Altgriechisch »Nicht-Ort«. Für den Engländer war also klar, dass der perfekte Ort nur in einer erfundenen Geschichte oder in einer weit entfernten Welt, etwa auf einer verlassenen Insel, existieren könnte. Und nicht innerhalb der herrschenden Gesellschaft.

Man kann die Utopie auch mit einem Perpetuum mobile vergleichen: Eine Fantasie-Maschine, in der Ursache und Wirkung so genau berechnet sind, dass sie ohne äußere Einflüsse funktioniert. Sie treibt sich also selbst an. Das Perpetuum mobile ist nach physikalischen Gesetzen nicht nur unmöglich. Es ist auch ein geschlossenes System, das sofort in sich zerfallen würde, wenn man in die sich greifenden Zahnräder, Pumpen oder Wasserfälle eingreifen würde.

Das bedeutet: Utopien sind komplett abgeriegelte Systeme, in denen es weder politische noch kulturelle Veränderungen geben darf. Die Utopie muss nicht nur von der Außenwelt abgeschottet, sondern auch vor demokratischer Willensbildung beschützt werden. Denn unterschiedliche Parteien, Meinungen und Weltbilder könnten das fein ausgerechnete, perfekte System aus dem Gleichgewicht bringen.

Und diese Tendenz zeigt sich auch in den Geschichten über den idealen Staat. So gibt es in der Utopia keine Sprachen, Sitten oder

Gesetze, die sich voneinander unterscheiden. Alle Städte sind gleich angelegt, alle Acker gleich verteilt und alle Häuser gleich gebaut. Je nach Handwerk tragen die Utopier dieselbe Kleidung, gehen denselben Freizeitbeschäftigungen nach oder werden vom Staat wie Spielfiguren von der einen Familie in die andere, von der Stadt aufs Land oder von der Insel auf Kolonien ins Festland verschoben.

Der Staat kontrolliert also alles: die Demografie, die Wirtschaft, Sitten und Bräuche, die vorherrschende Moral, ja sogar die Sexualität und die Partnerwahl der Bürger. Und obwohl sich die Utopier mit ihrer fortschrittlichen Moral schmücken, zeigen sie kein Erbarmen, wenn Einzelne gegen die Gesetze verstoßen. So werden Gesetzesbrecher in der Utopia entweder versklavt oder mit dem Tod bestraft.

Nun mag man an dieser Stelle zu Recht einwenden, dass sich das vormoderne Bewusstsein der Frühen Neuzeit an einer anderen Auffassung von Humanität orientiert, da sich der Mensch erst im Zuge der Aufklärung als gesellschaftliches Individuum begreifen kann. Der Absolutismus galt zu dieser Zeit – angesichts der zersplitterten Territorialstaaten und der Feudalherrschaft – als politische Errungenschaft. Vor diesem historischen Hintergrund mutet die oben beschriebene Politik der »Utopia« tatsächlich modern an.

Mir geht es aber um einen allgemeinen Wesenszug der Utopie: darum, dass aus dem utopischen Denken zwangsläufig eine Monokultur resultiert, in der es keine Demokratie, Freiheit und Vielfalt geben kann. Denn der perfekte Ort kann nur dann perfekt bleiben, wenn alles auf ewig genau so bleibt, wie es ist: vermeintlich »perfekt«.

So schön die Utopie in unseren Träumen, in Literatur, Kunst und Musik also aussieht, so innovativ und modern die Vision einer perfekten Welt daherkommen mag – eines ist leider immer sicher: Würde man die Utopie in die Realität umsetzten, würde unsere Gesellschaft sofort in die Knechtschaft führen. Genauer: in eine gleichgeschaltete Gesellschaft, in der es keine politische Vielfalt und keine Freiheit für den Einzelnen geben kann.

»Narrativ«, »Diskurs« und »dekonstruieren« – alles nur harmlose Trends?

Vielleicht sind Sie in letzter Zeit beim Fernsehen, Zeitunglesen oder bei Diskussionen über folgende Begriffe gestolpert: »Narrativ«, »Diskurs«, »konstruiert« und »dekonstruiert«. Der Fraktionsvorsitzende der Thüringer CDU, Mike Mohring, erzählte etwa im Sommer 2019, dass man »das Narrativ, die AfD sei im Osten überall vorn, in Thüringen durchbrochen«[1] hätte. In Zeitungsartikeln ist häufig von »sozial konstruierten Identitäten« die Rede oder davon, dass man rassistische Ideologien »dekonstruieren« solle.

Es ist fraglich, ob alle Menschen, die diese Wörter verwenden, tatsächlich wissen, was sie genau bedeuten. Der Verdacht liegt nahe, dass sich viele wie die Menschen verhalten, die sich gerne schicke Brillen mit Fensterglas auf die Nase setzen, obwohl sie keine Sehschwäche haben: Sie wollen besonders gebildet rüberkommen und ihren Aussagen Gewicht verleihen.

Und wie es so ist mit Trendwörtern: Man übernimmt sie relativ unreflektiert. Plötzlich spricht man nicht mehr von einer »Diskussion«, sondern von einem »Diskurs«, sagt nicht mehr »Argument«, sondern lieber »Narrativ«. Wenn etwas »entstanden ist«, kann man auch »konstruiert« sagen, oder man schafft etwas nicht ab, sondern »dekonstruiert« es. Das klingt erheblich schlauer.

Doch klären wir hier erst einmal, woher diese Begriffe kommen. In den 60er-Jahren gab es eine Gruppe von Philosophen, die sich Gedanken darüber machten, wie Macht in unserer Gesellschaft entsteht und wie sie unser Denken und Handeln beeinflusst. Diese Denker gehörten zu einer philosophischen Strömung, der Postmoderne.

Wie etwa der Franzosen Michel Foucault. »Macht ist überall«, ist einer seiner berühmtesten Sätze. Damit meinte er, dass Macht nicht nur durch den Staat ausgeführt wird, wenn er etwa Gesetze beschließt oder Straftäter ins Gefängnis sperrt. Macht ist also nicht etwas, was eine einzelne Person, eine Gruppe, eine Institution oder eine Klasse besitzt und dann auf andere ausübt. Vielmehr zeigt sich Macht in der Art und Weise, wie wir über Dinge sprechen: durch »Diskurse«. Oder stark vereinfacht: durch soziale Normen, die bestimmen, was »gut« und »schlecht«, was erlaubt oder was nicht erlaubt ist und was gesagt oder was nicht gesagt werden darf.

Diese Normen sind niemals absolut, sondern befinden sich im Wandel, behauptete Foucault. So wurde in Deutschland vor einiger Zeit die Homo-Ehe legalisiert, während Homosexualität zu Foucaults Zeiten noch illegal war und als Krankheit verteufelt wurde. Ähnliches gilt für die Rolle der Frau: Für unsere Großmütter gehörte es sich nicht, alleine zu leben, keine Familie zu haben, finanziell unabhängig zu sein oder eine Firma zu leiten. Frauen gehörten zu dieser Zeit an den Herd. Nur dieses Leben galt damals für eine Frau als »normal«, als ihre »natürliche« Bestimmung. Wer gegen solche Normen verstieß, wurde von der Gesellschaft moralisch gemaßregelt. Genau diese Entstehung von sozialen Regeln und das Abstrafen derjenigen, die sich nicht an diese Stereotypen anpassen, bedeutete für Foucault »Macht«.

Wichtig ist bei seiner Theorie aber eines: Die »Diskurse«, die entscheiden, was wir als »gut« und »schlecht« ansehen, werden niemals von einer Gruppe oder einzelnen Personen dominiert. Macht zeigt sich für den Franzosen in einem »System«, das von allen getragen wird. Alle Stereotype, die etwa über Frauen, Männer oder Homosexuelle kursieren, haben keinen Erfinder. Vielmehr entstehen sie einfach dadurch, dass einzelne Mitglieder einer Gesellschaft untereinander Wissen austauschen. Jeder kann also durch Diskurse Macht ausüben, Menschen aus der Norm ausgrenzen und entweder Täter oder Opfer sein.

Foucaults Fazit: Nicht nur die Normen sind ein Ergebnis von Machtverhältnissen – sondern auch das gesamte Wissen, das in einer Gesellschaft über Menschen kursiert. Das geht mit einer Konsequenz einher: der Absage an die objektive Wahrheit.

Ähnliches formulierte Foucaults Kollege, Jean-François Lyotard. Auch er behauptete, dass Wissen nicht als objektiv wahr gelten kann, weil es unter gewissen Machtkonstellationen und politischen Einflüssen entstanden ist. Die Wissensformen nannte Lyotard »Narrative« oder »große Erzählungen«, zu denen er etwa die Aufklärung zählte. Kurz: Auch ganze Denkströmungen und Wissenschaften wie die Schulmedizin oder die Physik verlieren im postmodernen Weltbild ihre Allgemeingültigkeit, weil auch sie nur eine »Konstruktion« historischer Machtausübung sind.

Diese radikale Infragestellung von Wahrheit, Realität, Normen und Wissen fand nicht zufällig in der zweiten Hälfte des 20. Jahrhunderts statt. Der Glaube an die menschliche Vernunft und das rational denkende Individuum war nach den Genoziden und den Gräueln der Nationalsozialisten und Stalinisten erschüttert. Die Postmoderne wurde deswegen nicht nur in der Philosophie, sondern auch in der Kunst von einer politischen Motivation angetrieben, die eigentlich einer radikal anarchistischen Logik folgt: Man wollte Autorität, Hierarchien, starre Strukturen, traditionelles Wissen und überholte Werte überwinden, indem man bekannte Erzählformen und Kunstgattungen, ja den gesamten Sinn und die Bedeutung von Sprache, Bildern und Wissen zerstörte. Das Ziel: Es sollte die absolute Freiheit der Kunst, der Ideen und des Individuums erreicht werden, indem man die komplette Sinnlosigkeit und das Chaos regieren ließ. Die meisten postmodernen Künstler und Philosophen waren also radikale Punks, die besonders mit einer Idee ein großes Problem hatten: der Idee *der einen*, absoluten Wahrheit.

Doch dann kam der Philosoph Jacques Derrida, sozusagen der Spielverderber unter den Postmodernen. Denn er brachte in den anarchischen Freiheitsgedanken wieder eine absolute Regel hinein: Er behauptete – stark vereinfacht –, dass es in einer Gesellschaft immer eine herrschende Gruppe gibt, die alle anderen Gruppen ausgrenzt und unterdrückt. Diese Unterdrücker-Gruppe ist so dominant, dass sich die Spuren ihrer Herrschaft über die vergangenen Jahrhunderte so sehr in der Sprache festgesetzt haben, dass wir die Wirklichkeit überhaupt nicht mehr erkennen können. Diese Machtverhältnisse in der Sprache kontrollieren somit alles: die Rituale, die Gesetze, die Moral, die Wissenschaften, Kunst, Literatur, Musik, die Ästhetik, die Politik, also die gesamte Realität, in der wir leben.

Manche postmoderne Philosophen, allen voran Derrida, gaben aber den Glauben an die Erkennbarkeit der Realität nicht auf und erfanden eine spezielle Methode, mit der man sich von dem Einfluss der Herrschenden befreien kann: die Dekonstruktion. Diese Methode ist so etwas wie eine Spurensuche. Ihr Motto: Wir müssen erst die »Diskurse« entlarven, also herausfinden, wer in der Gesellschaft Sprache, Normen und Alltagshandlungen dominiert, um danach die »wahre Bedeutung« der Dinge von dieser Herrschaft freizuschaufeln.

Die Dekonstruktion von Sprache, Wissen und Normen kann durchaus eine Methode sein, um die Auswirkung von Macht während der vergangenen Jahrhunderte zu durchleuchten. Wieso hat sich etwa die männliche Form als generisches Maskulinum durchgesetzt und nicht die weibliche? Wieso spricht man aufwertend davon, »seinen Mann zu stehen«, aber abwertend von

»Milchmädchenrechnung«? Wieso gab es während der vergangenen Jahrhunderte so gut wie keine berühmten Bücher, Kompositionen oder Kunstwerke von Frauen? Wieso ist es selbstverständlich, dass Frauen bei der Heirat den Nachnamen ihres Mannes annehmen und nicht umgekehrt?

Das alles sind wichtige Fragen, mit denen sich in den 60ern und 70ern feministische Philosophinnen wie Hélène Cixous oder Julia Kristeva beschäftigten. Sie alle bezogen sich auf postmoderne Philosophen, hielten aber einen wichtigen Grundsatz ein: Sie betrieben Wissenschaft. Das heißt, sie analysierten die Gesellschaft und arbeiteten dabei mit Begriffen, Ansätzen und Methoden der Postmoderne – die sich in ihrem theoretischen und politischen Kern aber vehement gegen jede absolute Wahrheit stellt.

Die Social-Justice-Warriors

In den 90er-Jahren fingen jedoch einzelne Wissenschaftler in den USA an, Teile der postmodernen Theorien in die Praxis umzusetzen. Ihnen ging es nicht mehr darum, die Gesellschaft nur zu »dekonstruieren« und sie so zu beschreiben. Sie wollten die Gesellschaft auch verändern, um die Machtgefälle in ihr zu zerstören und soziale Gerechtigkeit herzustellen. Und das geschieht, indem sie kontrollieren, was gemäß der postmodernen Theorien für soziale Ungleichheit verantwortlich ist: die Diskurse[2]. Also die Produktion von Wissen, die Sprache, die Normen und Alltagshandlungen einer Gesellschaft.

An den amerikanischen Unis entstanden seitdem ganze Forschungszweige, die sich der Durchsetzung der »Social Justice« – der sozialen Gerechtigkeit – verpflichtet haben. Zu diesen zählen bis heute mehrere Disziplinen, wie die »Gender Studies«, »Postcolonial Studies«, »Cultural Studies«, »Queer Studies«, »Fat Studies« oder einzelne Ansätze wie die »Critical Race Theory«, die »Critical Whiteness«, »White Privilege«, »White Fragility« oder die »Intersektionalität«. Im Zentrum dieser neuen Disziplinen steht nicht mehr der Anspruch, aufzuzeigen, wie die Welt ist, sondern wie die Welt zu sein hat. Diese »Social-Justice-Disziplinen« haben nichts mehr mit klassischer Wissenschaft zu tun. Vielmehr wurde hier aus einzelnen Bausteinen der Postmoderne eine neue Theorie gebastelt, die dann in Politik und Gesellschaft als absolute Wahrheit gelten soll.

Die Vertreter dieser Ansätze werden in den USA auch »Social-Justice-Warriors«, also Krieger für soziale Gerechtigkeit genannt, wobei der Begriff »Social Justice« nichts mehr mit der amerikanischen Bürgerrechtsbewegung zu tun hat, die ab den 50er-Jahren für die Rechte von Schwarzen, Frauen und Homosexuellen kämpfte. Vielmehr bekam der Begriff in den 2010er-Jahren eine neue Bedeutung, weil Aktivisten an den amerikanischen Unis immer aggressivere Methoden anwandten, um ihre Theorien in die Praxis umzusetzen. So wurden Veranstaltungen mit unbeliebten Rednern gesprengt, Kritiker niedergebrüllt, Events organisiert, bei denen man Menschen nach Hautfarbe trennte oder Professoren als Menschenfeinde diffamierte und deren Entlassung forderte[345], wenn sie sich gegen die Theorien und Methoden dieser »Krieger« aussprachen.

Auch bei uns ist dieser in erster Linie akademische Trend angekommen. Es gibt heute mehrere Universitäten in Deutschland, die das Fach »Gender Studies« oder Geschlechterstudien anbieten. Aber auch in den Geisteswissenschaften, der Soziologie und der Pädagogik werden Theorien aus dem Social-Justice-Bereich gerade als besonders innovativer Trend aus den USA gefeiert. Viele glauben, dass man mit Hilfe dieser neuen Theorien eine ganz neue Wissenschaft betreiben könne, die sich aktiv gegen Rassismus, Ausgrenzung und Diskriminierung stellt. Und mehr noch: Die Aktivisten sind überzeugt, dass sie unsere Gesellschaft mit ihren Theorien in eine Utopie verwandeln können, in der kein Mensch mehr ausgegrenzt oder diskriminiert wird.

Besonders nach dem schrecklichen Tod von George Floyd waren in allen Medien immer wieder die Ansätze aus diesen Social-Justice-Disziplinen präsent. Es war und ist von »rassistischen Strukturen« die Rede, von »weißen Privilegien«, einer »weißen Vorherrschaft«, von »Intersektionalität« und »Postkolonialismus«.

Und obwohl niemand weiß, woher diese Begriffen eigentlich kommen, klammern sich immer mehr staatliche Institutionen, Politiker, Mitarbeiter in Ministerien und Landesregierungen, Universitäten, Schulen, aber auch anerkannte Zeitungen und Medien an diesen Social-Justice-Ansätzen fest. Doch diese Ansätze haben nichts, was ich im Folgenden nachzuweisen versuche, mit Ergebnissen seriöser Wissenschaft zu tun, sondern fußen auf einer Ideologie, die sich Aktivisten aus einzelnen Theorien der Postmoderne zusammengereimt haben. Und sie werden von den Aktivisten so dogmatisch verfolgt, dass sich die gesamte Gesellschaft dieser Ideologie zu unterwerfen hat.

Der Grund dafür liegt in dem utopischen Versprechen, das mit den Social-Justice-Ansätzen einhergeht: Denn wie bei Morus und K. I. Z. glauben die Social-Justice-Warriors tatsächlich, *die eine* ultimative Ursache, *die eine* Unterdrückergruppe gefunden zu haben, die für das gesamte Leid in der Welt verantwortlich ist, die unsere Verhaltensweisen, unsere Kultur, unsere Sprache und unser Denken unbewusst kontrolliert und die man entmachten, moralisch abwerten und verteufeln muss, um die absolute Gerechtigkeit herzustellen: weiße heterosexuelle Männer.

Fehler in der Matrix: Es gibt keine Hautfarben

Vielleicht kennen Sie den Science-Fiction-Film »Matrix«. Das Szenario: In der Zukunft bricht ein Krieg zwischen Menschen und Maschinen aus, die von den Menschen selbst erschaffen wurden. Die künstliche Intelligenz gewinnt den Krieg und missbraucht daraufhin alle Menschen als lebendige Energiequelle. Um die Menschen ruhigzustellen, werden sie an ein Computerprogramm angeschlossen, das ihnen eine normale Welt vorgaukelt: die Matrix – ein ausgeklügeltes System der Knechtschaft, das Menschen daran hindert, die Realität zu erkennen. Quasi ein Gefängnis für den Verstand. Eine kleine Gruppe von Rebellen konnte sich aber aus dieser Lage befreien und versucht nun – zusammen mit Neo, »dem Auserwählten« –, die Matrix zu zerstören und die Menschheit somit aus der »falschen« Welt aufzuwecken.

Die Social-Justice-Warriors glauben, dass unsere Gesellschaft so wie die Matrix ist: ein ausbeuterisches, rassistisches System, an dessen Spitze die Herrschaft des weißen Mannes steht und das so wirkmächtig und ausgeklügelt ist, dass es selbst die tiefsten Ebenen unseres Verstandes manipuliert. Denn »der Westen« habe in der Vergangenheit nicht nur die Gräuel des Kolonialismus zu verantworten, sondern auch die Unterdrückung der Frau. Die ganzen Stereotype, Vorurteile, aber auch die Gewalt, mit der während der letzten Jahrhunderte Schwarze, Frauen, Homosexuelle und Queers ausgegrenzt und unterdrückt wurden, seien aber mit der Zeit nicht verschwunden, sondern lebten bis heute in der Gesellschaft als postmoderne Diskurse weiter. Das bedeutet: Die Herrschaft des weißen Mannes ist tief in unserer Sprache, in unserem Denken, in unserer Kultur verankert.

Alle Menschen, so glauben die Social-Justice-Warriors, werden von dieser rassistischen Matrix geknechtet. Und nur die Aktivisten wissen, wie dieses System funktioniert. Nur sie wissen – weil sie sich an der Uni mit den »richtigen« Theorien beschäftigt haben –, was in der Gesellschaft schiefläuft, und sind in der Lage, ihre Mitmenschen aus der mörderischen Knechtschaft zu befreien. In der USA hat sich für diese Geisteshaltung sogar ein spezielles Wort etabliert: »woke«. Das bedeutet, dass Menschen, die die Matrix erkannt haben, nun buchstäblich »erwacht« sind.

Um eine gerechtere Welt zu erreichen, muss also die Herrschaft des weißen Mannes den Menschen zunächst *bewusst gemacht* werden, um sie dann ein für alle Mal aus den Köpfen der »Geknechteten« und somit aus unserer Kultur zu verbannen.

Allerdings ist die Matrix, die von den Social-Justice-Warriors heraufbeschworen wird, voller Fehler und Widersprüche. Um einen Eindruck davon zu bekommen, reicht ein Blick in ein paar Bücher, die in der letzten Zeit als Bestseller in Sachen Antirassismus gefeiert wurden.

»Wir sind in einer Welt aufgewachsen, der seit über dreihundert Jahren Rassismus tief in den Knochen steckt. So tief, dass es keinen Raum gibt, in dem er nicht zu finden ist. Und einfach nur dadurch, dass Du in dieser Welt lebst, wurdest Du Teil dieses Systems«[6], schreibt etwa die Antirassismus-Expertin Tupoka Ogette in ihrem Buch »Exit Racism«. Und: »Du bist rassistisch sozialisiert worden. So, wie viele Generationen vor Dir, seit über dreihundert Jahren«[7].

Auch Alice Hasters erzählt in ihrem Buch »Was weiße Menschen nicht über Rassismus hören wollen aber wissen sollten« von einem »System«[8], ja von einer ganzen »Weltordnung«, die nur eine Logik kennt: »Weiße ganz oben, Schwarze ganz unten.«[9] Der koloniale Rassismus sei »schon so lang und so massiv in unserer Geschichte, unserer Kultur und unserer Sprache verankert, hat unsere Weltsicht so sehr geprägt, dass wir gar nicht anders können, als in unserer heutigen Welt rassistische Denkmuster zu entwickeln«[10]. Eine »historische Wurzel«[11] also, vor der es kein Entkommen gibt.

Es wird hier also behauptet, dass alle Menschen, die in »dem System« aufwuchsen, Rassisten sind. Es ist egal, was für eine Hautfarbe ein Mensch hat oder zu welcher Gruppe er gehört, er ist immer ein Menschenfeind. Diese Idee eines Machtsystems, das Menschen unterbewusst beherrscht, haben sich die Aktivisten von Foucault geklaut. Allerdings ziehen sie seinen Ansatz nicht konsequent durch. Stattdessen teilen sie dieses System in Weiße (Unterdrücker) und Schwarze (Unterdrückte) ein und benennen ganz eindeutig einen Herrscher, dem sie die gesamte Macht zusprechen: den Weißen. Wenn wir also alle von einem System geprägt sind, in dem Weiße Schwarze rassistisch unterdrücken, dann folgt daraus, dass alle Weißen Rassisten sind.

Und genau das meinen die Aktivisten auch. Weil es aber nicht gut ankommt, alle Weißen der Menschenverachtung zu bezichtigen, betreiben sie eine rhetorische Manipulation, indem sie immer wieder behaupten, dass die Kategorien »weiß« und »schwarz« nur »sozial konstruiert« seien.

Weil dieser Aspekt den Aktivisten so wichtig ist, machen sie ihn auch in der Sprache sichtbar. So wird etwa in den Bestsellern über Rassismus das Wort »weiß« durchgängig kursiv geschrieben. Das Gleiche geschieht in den antirassistischen Info- und Aufklärungsbroschüren des Bundes. Häufig wird dort in einer Fußnote erklärt, dass es sich bei den Begriffen »*weiß*« und »Schwarz« (das Adjektiv wird absichtlich groß geschrieben, um die Diskriminierung »sichtbar« zu machen) um eine »soziale Konstruktion«[12] handle.

Aber wie können Hautfarben »sozial konstruiert« sein?

Eine Antwort gab die schwarze Autorin Alice Hasters neulich auf Twitter: Nachdem ihr der Comedian Dieter Nuhr vorwarf, dass sie in ihrem Buch alle Weißen als Rassisten bezeichnet, antwortete sie, dass das nicht stimme. Vielmehr seien alle Menschen »rassistisch sozialisiert«[13], so erzählt sie. Denn »weiß« sei kein »biologischer Fakt«, sondern ein »soziales Konstrukt«[14]. Auch sie selbst könne in gewissen Kontexten »weiß« sein, schrieb sie. Aber Dieter Nuhr sei »in jedem Kontext weiß«.

Alice Hasters löst also die Kategorien »schwarz« (Ausgebeuteter) und »weiß« (Kolonialist) von der Biologie los und will sie als Verhaltensweisen verstanden wissen, die jeder – unabhängig der Hautfarbe – annehmen kann. Ergo: Nicht jeder, der weiß *ist*, macht sich des Rassismus schuldig, sondern jeder, der sich weiß *verhält*. Zudem behauptet Hasters in ihrem Tweet auch Folgendes: dass weiße Menschen durch »Rassismus privilegiert«[15] seien.

Die Autorin bezieht sich hier auf die Theoretikerin Peggy McIntosh, die die Social-Justice-Bewegung nachhaltig mit dem Konzept der »Weißen Privilegien« beeinflusste. Weiße hätten aufgrund ihrer Hautfarbe nicht nur »unverdiente Privilegien«, so heißt es in ihrem berühmten Essay »Unpacking the Invisible Knapsack«[16]. Sie bereicherten sich auch auf Kosten von Randgruppen, weil sie im Alltag keinen Rassismus erführen. Die Theoretikerin sieht Weiße per se als Unterdrücker und als »unfair begünstigte Personen«, die an einer »beschädigten Kultur« mitwirkten. Auch stellt sie in Frage, ob Weiße überhaupt eine eigene Moral haben. Denn: Weiße seien unterbewusste Rassisten, erzählt sie, die von Geburt an »von weißer Dominanz« beeinflusst seien.[17]

So eine Weltsicht ist vor allem eines: rassistisch

Was mit »sozial konstruiert« eigentlich gemeint ist, bringt die Soziologin Robin DiAngelo gut auf den Punkt. DiAngelo gilt als Koryphäe in der Antirassismus-Forschung. Ihr Buch »White Fragility« ist ein internationaler Bestseller. Dort heißt es, dass Schwarze das Trauma des Kolonialismus »kollektiv« in ihren »Körpern« trügen, weil es in ihrem »Nervensystem«[18] verankert sei. Das »rassifizierte Trauma« läge aber auch den »meisten weißen Amerikanern«[19] im Körper, indem sie unterbewusst Schwarze entmenschlichen würden. Die »Kräfte des Rassismus«, so schreibt die Autorin weiter, prägten sie als weiße Frau sogar schon »vor ihrem ersten Atemzug«[20]. Mit anderen Worten: Spezielle Verhaltensweisen, also das Opfer- und Tätersein, eine »gute« und »schlechte« Moral, die Identität des Rassisten oder des Ausgebeuteten, sind Schwarzen und Weißen angeboren.

Im selben Buch schreibt DiAngelo übrigens Folgendes: »Weißsein ist nicht real«[21], also »sozial konstruiert«. Dies zeigt, wie krass sich die Social-Justice-Bewegung in der eigenen Ideologie verheddert hat – und wie ideologisch man sich an postmodernen Theorien orientiert. Denn einerseits sind nicht mehr nur Normen und abwertende Klischees über Menschen ein Ergebnis von Macht, sondern auch biologische Tatsachen wie Hautfarben und das Geschlecht. Aber dieser Konstruktivismus gilt nicht für alle Dinge. Und vor allem nicht für alle Menschen.

Vielmehr teilen die genannten Autorinnen die Gesellschaft in Täter und Opfer ein. Das Prinzip: Alle Dinge, die von weißen heterosexuellen Männern erfunden wurden, wie Wissenschaften, Normen, Sprache und Kultur – also unser gesamtes »System« –, sind »sozial konstruiert«, also eigentlich nicht existent. Alle Dinge, die jedoch von Schwarzen, Dunkelhäutigen und den selbsternannten Randgruppen erfunden oder erfahren wurden – vornehmlich ihr Schmerz[22] – sind *nicht* »sozial konstruiert«, sondern gehören zur Realität. Nur sie sind »wahr«, nur sie existieren.

In der Welt der Social-Justice-Warriors geht es somit zu wie bei »Alice im Wunderland«: Beliebige Dinge können plötzlich aus der Realität verschwinden, Argumente per se als »falsch« abgestempelt und biologische Fakten überwunden werden – solange sie nicht von der »Opfer-Gruppe« geäußert, erfunden oder legitimiert wurden.

Es ist absurd: Auf der einen Seite wird völlig zu Recht Kritik an der Rassentheorie des Kolonialismus geübt, die Schwarze und Dunkelhäutige abwertet und ihnen Stereotype aufzwingt. Auf der anderen Seite wird die koloniale Prägung, die Schwarze nur als Opfer wahrnimmt, als derart tiefsitzend und unüberwindbar dargestellt, dass sie sich im Grunde nicht von der eben noch kritisierten Rassenideologie unterscheidet.

Durch diese begriffliche Irreführung wird vor allem eines erreicht: Weißen wird aufgrund der Hautfarbe nicht nur Rassismus unterstellt. Ihnen wird qua Hautfarbe auch die Fähigkeit abgesprochen, Rassismus überhaupt erkennen zu können.

Wenn in Medien und Politik also von »strukturellem Rassismus«, von einem »rassistischen System« oder von »struktureller Diskriminierung« die Rede ist, dann geht mit diesen Begriffen immer ein spezielles Weltbild einher: Der Glaube an ein System, an eine koloniale Matrix, in der es keine objektiven Wahrheiten gibt. Und der Glaube an eine Herrschaft, in der weiße heterosexuelle Männer qua Geburt Unterdrücker sind, die es in allen Bereichen des Lebens zu entmachten gilt.

Weiße Privilegien:
Wer ist das größte Opfer?

Im Januar 2020 warf mir die Antirassismus-Aktivistin Jasmina Kuhnke auf Twitter vor, dass ich mich nicht über Rassismus äußern dürfe, weil ich »privilegiert« sei. Der Grund: Meine Haut sei »zu weiß« und mein Name zu deutsch. Ein anderer User forderte mich dazu auf, Reparationsleistungen an die Autorin Sibel Schick zu zahlen, weil sie türkische Wurzeln hat – also Rassismus erfährt – und ich aufgrund meiner Hautfarbe zum ausbeuterischen Westen gehören würde.

Das ist schon häufiger vorgekommen. Und es ist witzig. Denn hier zerstört sich die Theorie der kolonialen Matrix selbst. Fakt ist: Ich habe türkischen Migrationshintergrund. Mein Vater ist in den 60ern nach Deutschland gekommen und hat meine deutsche Mutter geheiratet. Meine Eltern zogen in eine oberfränkische Kleinstadt und arbeiteten erst auf dem Markt, dann in eigenen Geschäften als Blumenhändler. Das bedeutete: mitunter prekäre Verhältnisse, körperlich harte Arbeit und wenig Freizeit.

Migrationshintergrund, niedriger Schulabschluss der Mutter und Arbeiterklasse: Nach allen Statistiken über den Bildungserfolg von Migrantenkindern gehöre ich, zumindest formal gesehen, nicht zu der sozialen Gruppe, der man besonders hohe Erfolgschancen im intellektuellen Bereich nachsagt.

Hier wird deutlich, wie rassistisch es ist, Menschen wegen ihrer Hautfarbe irgendwelche Privilegien zu unterstellen. Denn ich weiß, wie es sich anfühlt, wenn man die Empfehlung fürs Gymnasium nicht bekommt, weil der Vater Türke ist und im Gegensatz zum bayrischen Ärztesohn »nur« Blumen verkauft. Oder wie bitter es ist, wenn die eigenen Eltern nicht genügend Geld haben, um dir den Führerschein zu bezahlen, während deine Freunde ihr knallgelbes Cabriolet vor der Schule parken.

Ich habe keine Lust aufzuzählen, wie oft, wann und wie meine Familie ausgegrenzt wurde, weil meine Eltern sich nie als Opfer der Gesellschaft gesehen haben. Wenn es Menschen gab, die meiner Familie blöd gekommen sind, haben wir den Fehler nicht bei uns gesucht, sondern bei denen, die sich uns gegenüber rassistisch verhalten haben.

Oder anders gesprochen: Meine Eltern wollten das Beste für ihre Kinder. Und das Beste für die eigenen Kinder zu wollen, heißt nicht, bei Ungerechtigkeiten demonstrativ einzuknicken oder den Kindern einzureden, dass sie Opfer des Systems sind und sowieso nichts erreichen werden. Eltern, die ihre Kinder lieben, stehen hinter ihnen. Sie bestärken sie darin, trotz aller Hürden und Widerstände die Dinge im Leben zu erreichen, die sich die Kinder wünschen.

Dass ich ein Opfer sein soll, fand ich erst heraus, als ich an der Uni von den ausbeuterischen Strukturen erfuhr, und seitdem ich die Artikel lese, die fast täglich in Zeitungen publiziert werden und auf Social Media Tausende Klicks abräumen. »Arbeiterkindern fehlen in der Regel die Beziehungen, der Habitus und das Selbstbewusstsein, die so wichtig sind für den akademischen und beruflichen Erfolg«, stand neulich auf einem Sharepic des Deutschlandfunks.[1] Das ist natürlich wahr, statistisch gesehen. Aber seit einiger Zeit reiten viele Medien so offensiv auf diesem Stereotyp herum, dass ich keinen Unterschied mehr zu meinem oberfränkischen Grundschullehrer sehe, der mir den Weg in die höhere Schulbildung versperrte. Denn noch mal: Ich habe mich nie als Opfer gesehen. Wie können sich Medien und Aktivisten also anmaßen, mich anhand irgendwelcher Statistiken immer wieder in die Rolle des unterprivilegierten Migranten zu pressen?

Auf was ich eigentlich hinaus will, ist Folgendes: Dass das ganze Gerede von einer »sozialen Konstruktion« Bullshit ist. Denn es geht im Social-Justice-Aktivismus um nichts anderes als um Hautfarben. Und darum, dass man Weißen aufgrund ihres »zu weißen« Erscheinungsbildes unterstellt, reiche Eltern zu haben, in sicheren Verhältnissen aufgewachsen zu sein und keine Ausgrenzung erfahren zu haben. Kurz: Dass sie »privilegiert« sind und deswegen die Welt nur aus einer ausbeuterischen »weißen« Perspektive betrachten können.

Da stellt sich mir aber noch eine andere Frage: Wie muss eine Türkin genau aussehen, damit sie von den Aktivisten als volle, als »genuine Türkin« anerkannt wird? Haben die Aktivisten immer eine Palette mit Hautfarben parat, der sie entnehmen, ab wann jemand dunkel genug aussieht, um zu den »wahren« Ausgegrenzten zu gehören?

Tatsächlich traten neulich sieben schwarze Autorinnen, darunter Alice Hasters, von der Nominierung des »25 Frauen Awards« des feministischen Magazins »Edition F« zurück.[2] Der Grund: Sie seien zwar schwarz, aber sähen dennoch »zu weiß« aus und würden somit den Platz für die Frauen versperren, die eine noch dunklere Hautfarbe haben und daher noch stärker ausgegrenzt werden. Die ganze Aktion endete damit, dass die Veranstalter den Preis nicht vergaben. Wahrscheinlich weil sie aufgrund der nun einheitlich weißen Nominierten Angst hatten, in der Öffentlichkeit als Rassisten dazustehen.

Es ist grotesk, wie diese Suche nach »dem echten Schwarzen« in aller Öffentlichkeit gehypt wird, ohne dass diese im Kern rassistische Denkart auf große Kritik stoßen würde. So schreibt Alice Hasters in ihrem Buch, dass die Figur »Carlton« in der Serie »Der Prinz von Bel-Air« eigentlich kein »richtiger« Afroamerikaner sei, weil er sich »zu weiß« verhalten würde – also uncool ist, einen Pulli über den Schultern trägt und zu oft mit Weißen in der High Society abhängt.[3] Und Beyoncé wurde von Aktivisten dafür kritisiert, dass sie auf den Promo-Fotos für ihr neues Album »zu weiß« aussehen und damit Schwarze und Asiaten »verraten« würde.[4]

Es scheint also nicht nur eine Sehnsucht danach zu geben, Weißsein per se zu verteufeln und abzuwerten. Bizarr ist auch, wie man sich auf die Suche nach einer Person macht, die ein *noch* größeres Opfer ist als man selbst. Die Grundlage für diese Diskriminierungsolympiaden ist wieder ein Ansatz, der aus der Social-Justice-Disziplin kommt: die Intersektionalität.

Das Konzept fußt auf der Annahme, dass es unterschiedliche Arten von Diskriminierung gibt, die sich summieren können: Eine weiße Frau erfährt etwa mehr Schmerz wegen Sexismus als ein weißer Mann. Eine schwarze Frau erfährt aber mehr Schmerz als eine weiße Frau, während eine lesbische Schwarze mehr Leid erfährt als eine homosexuelle Frau mit weißer Hautfarbe. Das endet dann mit folgender Logik: Nur die Person, die das größte Leid erfährt, darf Vorteile genießen, wie etwa Preise gewinnen, Artikel in Zeitungen schreiben oder befördert werden. Alle anderen sind »privilegiert« und sollen Auszeichnungen ablehnen, keine Artikel schreiben und auf ihre Karriere verzichten.

Und genau das wird auch gefordert. So plädierte ein Artikel in der taz mit dem Titel »Man muss auch mal verzichten«[5] dafür, dass Menschen mit »Privilegien« den Platz für Unterprivilegierte frei machen sollten. Erfolg und Status sind hier so etwas wie eine kulturelle Ressource, »Stücke von einem Kuchen«, die man gerecht verteilen müsse.

»Privilegierte müssen aktiv verzichten«, liest man in der taz. Das bedeutet: Männer und Weiße sollten zum Beispiel ihre Beförderung ablehnen und sie lieber einer Frau oder einem »People of Color« überlassen. Ich frage mich, wie das in der Realität aussehen soll. Vielleicht so: »Hey Gülgün, ich habe mir überlegt, meine Kolumne an dich abzugeben, weil du türkischer aussiehst, dein Name türkischer klingt und du dazu noch auf Frauen stehst … du Opfer.« Oder so: »Hey Lisa, ich habe erfahren, dass du als Frau ein viel größeres Opfer bist als ich und nicht richtig zum Zug kommst. Willst du meine Beförderung haben?« Fakt ist: Gülgün oder Lisa wären sicher nicht begeistert, wenn ein Arbeitskollege sie derart gönnerhaft auf ihr Geschlecht oder ihre Hautfarbe reduzieren würde.

Aber das ist dem taz-Journalisten egal. Für ihn zählt nur die Täter-Opfer-Relation. Deswegen fordert er auch, dass man »den Privilegierten« ihre Jobs »ohne Rücksicht« wegnehmen solle. Das ist vor allem eines: totalitär. Dennoch werden in den Medien die Ansätze der »Intersektionalität« wie eine neue Heilslehre gefeiert.

Nehmen wir etwa einen Beitrag von Deutschlandfunk Kultur. Es sei ein Mythos, so heißt es hier, dass reiche heterosexuelle Männer erfolgreich seien, weil sie hart gearbeitet hätten. Vielmehr seien sie nur aufgrund ihrer »unsichtbaren Privilegien«, die man ihnen in »die Wiege gelegt«[6] hätte, besser gestellt. Wenn »Privilegierte« also auf ihren Ehrgeiz verweisen, dann ist das nur eine Abwehrreaktion, um zu kaschieren, dass sie das Versagen von Queers, Frauen und Migranten zu verantworten haben. Ja, noch mehr: Indem »die Privilegierten« ihre Vorteile leugnen, schaffen sie »noch mehr Ungerechtigkeit«, liest man hier.

Denn der Vorteil der einen basiert auf dem Leid der anderen. Die Lösung ist – die Entmachtung des »weißen Mannes«. Und die wird hier auch explizit gefordert: »Ich will, dass der weiße Mann diese Privilegien nicht mehr hat«, sagte ein interviewter Autor in dem Beitrag des Deutschlandfunks.

Hier wird im wahrsten Sinne des Wortes Kulturmarxismus[7] betrieben: Dadurch, dass die Aktivisten davon ausgehen, dass es in einer Gesellschaft immer eine kulturell herrschende Gruppe gibt, die alle anderen unterdrückt, kann deren Herrschaft nur aufgelöst werden, indem diese Gruppe entmachtet wird. Ihr soll aber nicht mehr wie beim klassischen Marxismus das Eigentum weggenommen werden, sondern die kulturellen, ja sogar die psychologischen Ressourcen. Also: Erfolg, Karriere, Selbstbewusstsein, Sicherheit, Geborgenheit, Glück und Zufriedenheit.

»Privilegierte« sollen nicht nur ihre Erfolge und ihr Selbstvertrauen in Frage stellen, indem sie sich einreden, ihre Ziele im Leben nicht durch Leistung erbracht zu haben. Sie sollen sich zudem für ihre Hautfarbe und ihr Geschlecht schämen und – falls notwendig – »weiße Tränen« weinen oder »einfach mal leise sein«, wenn eine unterdrückte Gruppe spricht. Denn: »Privilegierte« seien »auf der Seite, die Gewalt ausübt«, sie seien auf der »Täter*innenseite« und würden wegen der Gräuel des Kolonialismus eine »Generationenschuld fühlen«, heißt es. Privilegien solle man also durch »einen längeren Prozess« »verlernen«, sie »aus dem Empfinden, aus der Haltung« verbannen, sie »aus sich herauskriegen«, heißt es in dem Beitrag des Deutschlandfunks.

Und das wurde auch gleich in die Praxis umgesetzt. Auf Facebook postete der Sender eine Checkliste, auf der die Leser ihre Privilegien ankreuzen konnten.[8] »Auf wie viele Privilegien kommen Sie – und wie oft haben Sie schon darüber nachgedacht?«, wird dort gefragt. Auf der Liste konnte man folgende Punkte ankreuzen: »Ich bin weiß«, »Ich bin heterosexuell«, »Ich bin ein Mann«. Aber auch ganz abstruse Sätze wie »Ich arbeite in einem bezahlten Job« oder »An Flughäfen bin ich in Sicherheitskontrollen nicht nervös«. Die Message dahinter ist klar: Je mehr Punkte man ankreuzt, desto privilegierter ist man und desto mehr soll man sich für seine Erfolge, Hautfarbe oder Geschlecht schämen.

Der Sender kämpft hier nicht gegen Diskriminierung, sondern *für* Diskriminierung. Denn Menschen werden nicht mehr als Einzelpersonen gesehen, sondern aufgrund ihrer Hautfarbe, ihres Geschlechts und ihrer Sexualität in Täter und Opfer eingeteilt. Also: Frauen, Schwarze und Queers sind Opfer und sollten mehr Rechte genießen. Männer, Weiße und Heterosexuelle, sind indes Täter, denen das Wort entzogen, die schlechter gestellt oder umerzogen werden sollen.

Das alles wird mit dem Kampf gegen die koloniale Matrix gerechtfertigt: also mit dem Kampf gegen ein »unsichtbares System«[9], gegen »strukturelle Benachteiligung«, gegen die kulturelle Herrschaft des weißen Mannes.

Verstehen Sie mich nicht falsch: Natürlich gibt es Diskriminierungserfahrungen von Minderheiten. Natürlich gibt es Statistiken, die belegen, dass Frauen, Migranten oder Kinder, die in bildungsfernen und finanziell schwachen Milieus aufwuchsen, karrieretechnisch häufig auf der Strecke bleiben. Es ist auch evident, dass kopftuchtragende Frauen und Menschen mit dunklerer Hautfarbe oder einem ausländisch klingenden Namen bei der Wohnungs- und Jobsuche benachteiligt werden. Gewalt und Hasskriminalität gegen Muslime, Frauen, Juden und Homosexuelle sind in Deutschland Realität. Ganz klar: Das ist ein Missstand, den man beseitigen sollte.

Aber diese Erfahrung als einzige Ursache dafür zu sehen, dass Frauen und Migranten ihre Ziele im Leben nicht erreichen können, ist falsch.

Fakten-Check: Es gibt keine »rassistische Struktur«

Nehmen wir den Lohnunterschied zwischen Deutschen und Eingewanderten. Nach einer Befragung des Bundesarbeitsministeriums liegt die Lohnlücke[1] zwischen Deutschen und EU-Einwanderern im Jahr 2018 bei 28,5 Prozent, bei Flüchtlingen liegt sie bei 44,4 Prozent[2]. Das Handelsblatt erklärt den Unterschied damit, dass in den letzten Jahren vermehrt junge Menschen nach Deutschland eingewandert seien, die am Anfang ihres Berufslebens stünden. Diese würden weniger verdienen, weil ihnen die nötige Erfahrung und Kompetenz fehle – eine Tatsache, die man übrigens auch bei Deutschen beobachten kann.

Der Lohnunterschied stieg vor allem seit 2015, schreibt das Handelsblatt, weil während der Flüchtlingskrise vermehrt junge Menschen aus Syrien, Irak oder Afghanistan einreisten, die fast keine Sprachkenntnisse und qualifizierende Berufsabschlüsse vorweisen konnten. In den Jahren davor sei der Verdienstunterschied zwischen Deutschen und Flüchtlingen aber gesunken. Ein Beweis dafür, dass junge Menschen aus Krisengebieten durchaus in der Lage sind, auf dem Arbeitsmarkt Fuß zu fassen und mit steigendem Alter und verbesserter Qualifikation mehr verdienen können, schreibt das Handelsblatt.

Allerdings ließen sich die Berufs- und Bildungsabschlüsse und die im Ausland gewonnenen Berufserfahrungen häufig nur eingeschränkt auf Deutschland übertragen, was dazu führe, dass Migranten im Schnitt weniger verdienten, berichtete die FAZ[3]. Bei

Eingewanderten, die eine Bereitschaft zeigten, sich fort- und weiterzubilden, würde das Einkommen schneller steigen. Das wäre aber auch davon abhängig, ob die Zugewanderten versuchten, Netzwerke aufzubauen, oder sich lieber in der eigenen Bubble aufhielten. Das heißt: Wer besser integriert ist, verdient auch mehr.

Nun ist die Aufforderung »Integrier dich besser« leichter gesagt als getan. Das wird vor allem deutlich, wenn man sich mit einer Studie aus dem Jahr 2016[4] befasst, die den Bildungserfolg von Kindern und Jugendlichen mit Migrationshintergrund analysiert. Diese haben es prinzipiell schwerer – aber nicht, weil sie von weißen Männern unterdrückt werden, sondern weil der Erfolg von Schulkindern prinzipiell stark von der sozialen Herkunft der Eltern beeinflusst wird.

Es stimmt: Bildungsstand, Beruf und die Höhe des Einkommens liegen bei eingewanderten Eltern im Schnitt niedriger als bei deutschen Eltern. Autochthone Deutsche haben höhere Berufs- und Bildungsabschlüsse, verdienen mehr und sind seltener arbeitslos. Nur 20 Prozent der deutschen Eltern sind von diesen Problemen betroffen, während sie auf 55 Prozent der Kinder der ersten Einwanderergeneration zutreffen.

Das wirkt sich auch negativ auf die Leistung von Kindern und Jugendlichen mit ausländischen Eltern aus: Sie schneiden in allen Fächern deutlich schlechter ab als Deutsche, vor allem dann, wenn den Kindern und Jugendlichen die Sprachkenntnisse fehlen, weil in den Familien nicht deutsch gesprochen wird.

Die Nachteile, die später bei der Jobsuche erfahren werden, kommen häufig zustande, weil Jugendlichen die Netzwerke fehlen, weil sie weniger Unterstützung von ihren Familien bekommen oder weil sie nicht so gut über die sozialen Codes und informellen Mechanismen auf dem Arbeitsmarkt Bescheid wissen. Diskriminierungen spielen auch eine Rolle. Sie allein definieren aber nicht den Misserfolg.

Was für eine wichtige Rolle das Elternhaus bei der Bildung spielt, zeigt sich auch daran, dass das Bildungsniveau unter türkischen Einwanderern gerade sinkt. Der Grund: In der letzten Zeit sind vor allem türkische Frauen durch den Familiennachzug eingewandert, die weniger gut gebildet sind. Denn es ist auch erwiesen, dass das Bildungsniveau der Mütter maßgeblich für den Bildungserfolg der Kinder verantwortlich ist.

Hat der Deutschlandfunk also mit seinem Privilegien-Ansatz nicht doch recht? Nein. Denn wenn man den sozioökonomischen Status der Eltern betrachtet, fällt eines auf: Kinder aus sozial schwachen Einwandererfamilien strengen sich mehr an und sind deswegen nicht selten erfolgreicher als ihre deutschen Altersgenossen aus derselben Schicht. So besuchen etwa 15-jährige Jugendliche mit ausländischen Eltern seltener die Hauptschule und sind häufiger in Gymnasien und Realschulen vertreten als ihre deutschen Schulkollegen aus vergleichbarem Milieu.

Eine Untersuchung der OECD aus dem Jahr 2020[5] fand sogar heraus, dass sich in allen EU-Staaten über die Generationen hinweg enorme Fortschritte beim Bildungserfolg von Migrantenkindern feststellen lassen. Überall holen Kinder von Einwanderern den Bildungsvorsprung ihrer deutschstämmigen Altersgenossen gerade in hohem Tempo auf.

Auch steigen Kinder und Jugendliche mit Migrationshintergrund häufiger in höhere Schichten auf als deutsche Kinder aus vergleichbarem Milieu, berichtete die Migrationsexpertin Sandra Kostner neulich der Neuen Zürcher Zeitung (NZZ). Denn viele Eltern wollen ihren Kindern ein besseres Leben als in ihrem Heimatland ermöglichen. Motto: »Ihr sollt es mal besser haben, deswegen strengt euch an!«. Die Diskriminierung, welche die Randgruppen erführen, sei für viele zudem ein Ansporn, sich gegen Ungerechtigkeiten zu wehren und sich eine »Jetzt-erst-recht-Haltung« anzueignen. Die Behauptung, dass »die Struktur« oder

»die Privilegierten« allen Einwanderern und Menschen mit nicht-weißer Hautfarbe den sozialen Aufstieg verwehrten, hat also wenig mit der Realität zu tun.

Nicht jede Person, die aufgrund ihrer Herkunft diskriminiert wird, gibt deswegen ihre Karriere auf. Die Statistiken zeigen eher, dass das Gegenteil der Fall zu sein scheint. Wenn also schon pauschalisierend von »den Migranten« die Rede ist, dann trifft auf diese Gruppe vor allem wohl eine Eigenschaft zu: dass sie Kämpfer sind – und keine Opfer.

Und hier kommen wir zum eigentlichen Problem, das mit »der Struktur« einhergeht: Menschen mit Migrationshintergrund sind keine homogene Gruppe, sondern eine Vielzahl von Individuen, die von ihrem Elternhaus unterschiedlich geprägt worden sind. »*Die* Migranten«, »*die* Muslime«, »*die* Menschen mit dunkler Hautfarbe«, »*die* People of Color« gibt es also nicht.

Vielmehr gibt es eine Fülle von Einzelpersonen mit unterschiedlichen Persönlichkeiten, Werdegängen, Herkunftsgeschichten und persönlichen Erfahrungen. Selbstständige Charaktere, denen man keinen Stempel aufdrücken sollte. Das gilt auch für Frauen, Männer und Minderheiten: Nicht jede Frau fühlt sich von einem Mann unterdrückt, nicht jeder Einwanderer hat die gleichen Erfahrungen gemacht, nicht jeder Homosexuelle will auf seine Sexualität reduziert werden und nicht jeder weiße Mann ist in einem sicheren, wohlhabenden Elternhaus aufgewachsen.

Dadurch, dass die Antirassismus-Bewegung einzig den »weißen Mann« oder »die Struktur« für das Leid der Migranten verantwortlich macht, wird auch verhindert, dass die wahren Ursachen erkannt und bekämpft werden können. Bessere Integrationskurse für eingewanderte Eltern, mehr Hilfestellungen beim Spracherwerb, mehr Aufklärung über Fort- und Weiterbildungsmaßnahmen für Zugewanderte oder flächendeckende Angebote an Schulen, die schwache Schüler bei der Vorbereitung auf die Berufswelt unterstützen – das alles wären pragmatische Lösungen, um den Nicht-Privilegierten *wirklich* zu helfen.

Den Aktivisten geht es aber nicht um pragmatische Lösungen. Ihnen geht es um einen Kulturkampf: Die Welt soll in »Gut« und »Böse«, in Täter und Opfer, in Privilegierte und Nicht-Privilegierte, in Weiße und Schwarze, Mann und Frau, Deutsche und Migranten, Heterosexuelle und Queers eingeteilt werden.

Die Social-Justice-Warriors haben sich in eine Ideologie verstrickt, die nichts mit der Realität zu tun hat. Denn dem syrischen Flüchtling, der durch seinen Schulabschluss fällt, weil ihm die Deutschkenntnisse fehlen, hilft es nicht, wenn sich ein weißer Manager für seine Hautfarbe schämt. Eine junge Türkin, die sich ein Universitätsstudium nicht zutraut, wird nicht mutiger werden, weil eine weiße Deutsche sich gerade »ihrer Privilegien bewusst« wird. Und einer polnischen Einwanderin, die einem unterbezahlten Job nachgeht, weil ihre Ausbildung in Deutschland nicht anerkannt wird, wird es nicht helfen, wenn ein Rundfunkredakteur fordert, dass weiße Männer häufiger ihren Mund halten sollen.

Kurz: Die jungen Studenten, Journalisten und Politiker, die gerade mit verschwurbelten Begriffen um sich werfen, andere belehren und Sprechverbote fordern, scheren sich in Wahrheit nicht um das Leid der Armen und Ausgegrenzten. Sie gehen nicht in Erstaufnahme-Einrichtungen, in Flüchtlingslager und an die Schulen, um mit Betroffenen und Verantwortlichen zu sprechen. Sie wollen sich kein Bild von den realen Missständen und Problemen machen, über Lösungen nachdenken und sie dann in einer Partei, in den Kommunen oder Landkreisen durchsetzen. Das ist ihnen viel zu anstrengend. Viel bequemer ist es, einen Hashtag mit #BlackLivesMatter, #WirSindMehr oder #MeTwo zu setzen, in der Öffentlichkeit das eigene Mitleid zu bekunden oder auf Twitter einen Artikel über eine mörderische »White Supremacy«

zu teilen, bevor man die ganze Thematik wieder wegswipt und ein süßes Bild von seiner Katze postet.

Pausenlos geht es im Social-Justice-Aktivismus darum, dass man den kolonialen Rassismus an der Kultur erkennen könne, weil Literatur, Filme und Musik von Weißen dominiert würden. Dass Beyoncé, Rihanna, Whitney Houston und Tina Turner zu den zehn erfolgreichsten Sängerinnen der Popgeschichte gehören und es schwarze Rapper waren, die ein milliardenschweres Genre erschufen, weil sie genau das Leid von Schwarzen in den Ghettos der USA zum Thema machten, wird von den Aktivisten einfach ignoriert.

Alice Hasters geht sogar so weit, den Erfolg von Schwarzen kleinzureden, damit die Realität in ihr ideologisches Weltbild passt. So schreibt sie, dass man den Ruhm von schwarzen Stars nicht ernst nehmen könne, weil sie von der »weißen« Musikindustrie[6] produziert würden. Millionenschwere Rap-Produzenten und Welt-Stars wie Kanye West und Michael Jackson – sollen sie alle von einem »weißen System« fremdgesteuert gewesen sein?

Selbst die Siege von Schwarzen bei olympischen Spielen wertet Hasters als kolonialen Gräuel ab. Denn: Indem Schwarze mit ihrer Physis Erfolge erzielten, würden sie das koloniale »Narrativ« bestätigen, dass Schwarze nur für physische Arbeit geschaffen seien – was Weiße dazu veranlasse, sich Schwarzen kognitiv überlegen zu fühlen.[7] Zugespitzt heißt das: Der Erfolg von Schwarzen im Sport stärkt rassistische Vorurteile.

Die Argumente von Hasters kämpfen so hart gegen jede Realität, dass die Erfolge von Schwarzen in der Kultur- und Popgeschichte abgewertet werden müssen. Und das gilt auch für das Schönheitsideal: »Das gesellschaftliche Schönheitsideal ist weiß«[8], schreibt Hasters in ihrem Buch. Mal ehrlich: In welchem Jahrhundert lebt die Autorin?

Um es kurz zu machen: Die selbst ernannte Elite, die gerade lautstark Menschen nach rassistischen Kategorien einteilt, Kunst und Literatur zensiert, Veranstaltungen sprengt, Andersdenkende als »rechts« diffamiert und Unternehmen, Staat und Mitmenschen ein schlechtes Gewissen einredet, wenn sie nicht der *einen* Theorie bedingungslos folgt – diese kulturelle Elite spuckt gerade auf die Bedürfnisse der Schwächsten. Sie will die Missstände – die ominöse »Struktur«, von der ständig die Rede ist – nicht beseitigen, sondern die Ungleichheiten zementieren. Migranten, Frauen und Queers *müssen* Opfer bleiben, sie *müssen* leiden und weiter diskriminiert werden. Denn nur durch ihre Opferposition lässt sich in der Politik Macht ausüben.

Mythos: Gender Pay Gap

Genau diese Art der Opfer-Politik lässt sich auch am Gender Pay Gap, dem »geschlechterspezifischen Lohngefälle«, erkennen. Allein die Tatsache, dass Frauen seltener in Vorständen, im Bundestag oder in gewissen Branchen vertreten sind und im Schnitt weniger verdienen, wird als Beweis dafür gesehen, dass alle Männer in ihrem Leben nur ein Ziel haben: Frauen am Arbeitsplatz zu diskriminieren und ihnen Steine in den Weg zu legen. Ist das denn so?

Nehmen wir einmal den Equal Pay Day, der jedes Jahr von feministischen Kampagnen wie ein Jubiläum gefeiert wird. Frauen würden im Schnitt 19 Prozent weniger verdienen als Männer, heißt es seitens der Feministinnen. Das bedeutet: Im Jahr 2021 arbeiten Frauen 69 Tage umsonst, weswegen der Equal Pay Day in diesem Jahr am 10. März stattfindet. Schuld daran seien veraltete Rollenklischees und sexistische Vorurteile in der Gesellschaft, die Frauen in schlechter bezahlte Berufe drängten. Und natürlich: sexistische Männer in den Chefetagen, die ein massives Problem mit Frauen hätten.

Klar, in Deutschland gibt es jede Menge Machos, die Frauen in der Berufswelt das Leben schwer machen. Aber die Behauptung, dass allein patriarchale Strukturen an der Lohnlücke schuld seien, entspricht nicht den Tatsachen. Lieber schweigt man die wirklichen Probleme tot und verdreht statistische Untersuchungen, damit man die Welt wieder in einfache Kategorien einteilen kann: Die Männer sind Täter – und die Frauen Opfer.

Allein die Behauptung, dass Frauen 69 Tage für die gleiche Arbeit umsonst arbeiten würden, ist falsch. Denn Frauen entscheiden sich eher für Berufsbranchen, die schlechter entlohnt werden, wie die Pflege und der Einzelhandel. Auch sind sie mehr in geisteswissenschaftlichen Studiengängen mit schlechten Jobaussichten vertreten, während sich Männer eher für ein technisches oder naturwissenschaftliches Studium entscheiden, das ihnen später höhere Gehälter bringt. Wenn man das Gehalt von Frauen und Männern also mit demselben Alter und ähnlicher Arbeit vergleicht, dann verdienen Frauen nicht 20 Prozent, sondern 7 Prozent[9] weniger.

Auch berücksichtigt die Statistik nicht den Fakt, dass Frauen häufiger in Elternzeit gehen. Sie vergleicht also Männer mit zehn Jahren Berufserfahrung mit Frauen, die erst seit vier Jahren beruflich unterwegs sind, berichtet die FAZ. Wenn man diese Faktoren aus den 7 Prozent heraus rechnet, kommt man nur noch auf 2 Prozent Lohnunterschied.

Nun sind 2 Prozent definitiv etwas anderes als 21 Prozent. Aber auch für diesen minimalen Unterschied gibt es Erklärungen. Eine Studie des britischen Karriereportals Milkround fand etwa heraus, dass weibliche Uni-Absolventinnen den Wert ihrer eigenen Arbeitskraft massiv unterschätzen. Während nur 18 Prozent der männlichen Absolventen bereit wären, für ein zu geringes Gehalt zu arbeiten, würde ein Drittel der befragten Frauen einen unterbezahlten Job annehmen. Auch die Hochschule Bad Honnef (IUBH) untersuchte das weibliche Verhalten auf dem Arbeitsmarkt. Das Ergebnis: Frauen schätzen ihre Stärken viel niedriger ein als ihre Arbeitskollegen und Vorgesetzten. Der Prorektor der IUBH vermutet, dass sich Frauen deswegen auch bei Gehaltsverhandlungen oder bei Bewerbungen um Führungspositionen stärker zurückhalten.

Es gibt unzählige weitere Studien, die alle beweisen, dass Frauen anscheinend an chronischer Selbstunterschätzung leiden. Aber auch die Erwartungshaltung spielt eine Rolle. So stellte das »Deutsche Instituts für Wirtschaftsforschung« (DIW) fest, dass Frauen prinzipiell andere Ansprüche an ihre finanziellen Erfolge stellen. Testpersonen wurden befragt, wie hoch sie ihr Gehalt in einem, in zwei und in zehn Jahren einschätzen. Das Ergebnis: Männer rechnen für 10 Jahre mit einem Lohnzuwachs von 80 Prozent, während Frauen nur 40 Prozent erwarten. Das könne zu so etwas wie einer »selbst erfüllenden Prophezeiung« führen, schreibt die FAZ. Wer sowieso nicht an den großen Erfolg glaube, verzichte auch eher auf die Anstrengungen, die im Rennen um die nächste Beförderung immer wieder nötig seien[10], heißt es hier. Daraus ergibt sich aber noch eine andere mögliche Annahme: Dass Frauen die Karriere nicht als das höchste Ziel ihres Lebens verstehen, sondern den Fokus eher auf andere Dinge legen.

Letzteres bestätigt auch die Uni Hohenheim, die die Gehaltsvorstellungen unter Studienbewerbern analysierte. Danach seien die geringeren Gehaltsvorstellungen vielmehr von anderen Faktoren abhängig: Frauen legen bei der Berufswahl anscheinend nicht so viel Wert auf einen gut bezahlten Job. »Eine mögliche Erklärung ist, dass Frauen eher als Männer bei der Stellensuche andere Aspekte berücksichtigen als Geld«, schreiben die Autoren.[11] Möglich wären hier etwa flexible Arbeitszeiten, ein gutes Betriebsklima und Spaß an der Arbeit. Oder eine andere, sehr wahrscheinliche Option: die Vereinbarkeit von Familie und Beruf.

Egal wie man das Thema Gender Pay Gap wendet und dreht, die Statistiken scheinen immer wieder auf eine Tatsache hinzudeuten: Dass Frauen mehr am Wohlergehen ihrer Kinder und ihrer Familie interessiert sind als an ihrer Karriere. Das bedeutet natürlich nicht, dass alle Frauen so ticken, aber es liegt nahe, dass Frauen im Schnitt weniger Lust haben, ihr Privatleben komplett aufzugeben und 80 Stunden die Woche zu arbeiten, um in die Vorstände der großen Konzerne vorzupreschen – weil sie für ihre Familien da sein wollen. Wo liegt dann aber das Problem am Gender Pay Gap?

Die Antwort ist einfach: Der Feminismus ist das Problem. Denn er unterstellt Krankenpflegerinnen, Sekretärinnen, Hausfrauen und Studentinnen, die lieber Anglistik und Literaturwissenschaften anstatt Maschinenbau oder BWL studieren, dass sie diese Entscheidungen nicht freiwillig träfen, sondern von patriarchalen »Strukturen« beeinflusst seien. Kurz: Die Bewegung spricht Frauen den freien Willen ab und degradiert sie zu Opfern, die nicht in der Lage seien, ihre beruflichen Bedürfnisse durchzusetzen.

Dabei studieren die bekannten Feministinnen häufig selbst Anglistik, arbeiten im pädagogischen Bereich, lassen sich von ihren Männern versorgen, veröffentlichen Artikel in Kulturmagazinen und geben auf Twitter damit an, dass sie trotz des vierten Kindes noch eine »Milf« (Mother I like to fuck) sind. Das ist so widersprüchlich, dass es schon wieder witzig ist. Aber viel wichtiger ist die Frage: Was hat diese Zementierung der Opferrolle mit Feminismus zu tun?

Es gibt einen guten Satz der Feministin Simone de Beauvoir. Sie sagte: »Frauen, die nichts fordern, werden beim Wort genommen – sie bekommen nichts.« Und Beauvoir hat recht. Natürlich ist es unerträglich, wie Krankenpflegerinnen und Erzieherinnen ausgebeutet werden. Vor allem während der Corona-Pandemie wurde deutlich, wie wertvoll diese Arbeit von Frauen für die Gesellschaft ist. Man wird das Problem aber nicht beheben können, solange die betroffenen Frauen nicht aufstehen und gegen die Ungerechtigkeiten protestieren. Frauen sind sehr wohl in der Lage, Karriere zu machen, höhere Gehälter zu fordern und für ihre Rechte einzustehen. Sie machen es nur nicht, zumindest nicht flächendeckend.

Auch wenn es die feministische Bewegung nicht wahrhaben möchte: Es gibt Unterschiede zwischen Männern und Frauen. Und das sind nicht nur biologische Unterschiede, sondern auch Unterschiede im Verhalten, die auf der ganzen Welt – egal in welchen Kulturen – immer gleich ausfallen: Frauen interessieren sich mehr für Menschen und Kultur, Männer eher für Dinge und Technik. Frauen wünschen sich bei der Partnerwahl eher einen starken Versorger, während Männer eher auf das Aussehen achten. Frauen interessieren sich weniger für Politik und, falls doch, dann eher für Sozialpolitik und linke Ansichten, während Männer häufiger konservative Parteien wählen und sich stärker für die »Hard Facts« in Wirtschaft und Politik interessieren.

Was man aber nie vergessen darf: Das alles sind nur Tendenzen, die sich in der Gesellschaft messen lassen. Müssen deswegen *alle* Frauen und Männer so sein? Nein, natürlich nicht. Denn es ist ein Fehler, von einer gesellschaftlichen Tendenz auf das Individuum zu schließen. Einer Abiturientin zu unterstellen, dass sie nicht Ingenieurin werden kann, weil sie eine Frau ist, ist in der Tat sexistisch. Genauso daneben ist es, einem Mann von einer Ausbildung zum Krankenpfleger abzuraten, weil das nicht seiner männlichen »Natur« entspreche.

Gerade das ist doch eine der Errungenschaften unserer pluralistischen Gesellschaft: Dass es sehr wohl Geschlechterklischees gibt, aber dass die einzelnen Menschen die Freiheit haben, sie anzunehmen – oder eben abzulehnen. Genau das sollte »queer« bedeuten: Dass es Männer gibt, die sich wie Frauen verhalten, und Frauen gibt, die sich wie Männer verhalten, aber es trotz allem immer noch Männer geben darf, die das Männliche, und Frauen, die das typisch Weibliche lieben.

Die englische Brit-Pop-Band »Blur« brachte diesen Begriff der Queerness schon in den 90ern auf den Punkt. »Girls who are boys, who like boys to be girls, who do boys like they're girls, who do girls like they're boys – always should be someone you really love«, heißt es in dem Lied »Girls and Boys«. Also: Es ist ziemlich egal, wie du dich verhältst und was du bist, Hauptsache, du bist glücklich damit.

Die Social-Justice-Warriors stellen sich gerade gegen diese Vielfalt. Denn obwohl alles dafür spricht, dass sich Frauen und Männer im Schnitt freiwillig für unterschiedliche Dinge interessieren, wird alles daran gesetzt, diese Unterschiede zu zerstören, sie abzuwerten und schlechtzureden. Ja, noch mehr: Gerechtigkeit ist nur dann erreicht, wenn Frauen in allen Branchen zu 50 Prozent vertreten sind – außer in Scheiß-Jobs.

Die 50-Prozent-Ideologie

Der 50-Prozent-Frauenanteil in Vorständen, Unternehmen und in der Politik ist zu einem moralischen Gütesiegel geworden. Motto: Entweder er ist vorhanden – oder man unterstellt der Institution automatisch Sexismus oder hält die Frauen für ein Opfer patriarchaler Strukturen.

Auf Twitter werden so regelrechte Hexenjagden veranstaltet. Der Account »UndwievieleFrauen?« überprüft etwa Vorstände von Firmen und Organisationen auf ihren Frauen- und Männeranteil. Die Tweets zeigen Bilder von Vorständen mit kurzen Erläuterungen: »Handwerkskammer Saarland: 9 Männer, 0 Frauen« oder »Robert Bosch: 20 Männer, 5 Frauen«.

Frauen müssen hier für die richtige Gesinnung herhalten. Sie sind so etwas wie ein Maskottchen, das man auf Podien holt oder zu Talkshows einlädt, um der Welt zu zeigen, dass man zu »den Guten« gehört. Die Logik ist einfach: Je mehr Frauen in den Vorständen und Management-Abteilungen wirken, desto »besser«, humaner und fortschrittlicher ist die Belegschaft des Unternehmens, des Fernsehsenders oder der Partei – und somit auch deren Inhalte und Produkte.

Selbst Angela Merkel teilte im Oktober 2018 mit dieser Moralkeule gegen die »Junge Union« aus. »Ihr geschäftsführender Bundesvorstand ist schön männlich. Aber 50 Prozent des Volkes fehlen«, ermahnte sie ihre Parteikollegen. »Ein Meer aus grauen Anzügen«, spottete die damalige Bundesjustizministerin Katarina Barley über FDP und Union. Und die Familienministerin Giffey fragte: »Wenn die Hälfte der Bevölkerung aus Frauen besteht, warum besteht dann die höchste Repräsentanz in unserem Land nicht auch zur Hälfte aus Frauen?«

Nun ist die Forderung nach Parität in der Tat ein logischer Bestandteil der politischen Entscheidungsfindung. Denn es ist nur demokratisch, wenn unterschiedliche Parteien in politischen Gremien zu gleichen Anteilen vertreten sind. Aber wo kommen wir hin, wenn diese Parität auch für das Geschlecht, für die Hautfarbe, die Herkunft und die sexuelle Orientierung – kurz: für biologische und kulturelle Merkmale – gefordert wird? Die Antwort ist einfach: in eine unfreie Gesellschaft, in der Individuen nur noch als Vertreter von Gruppen gesehen werden.

Dennoch werden im Bundestag immer wieder Debatten darüber geführt, wie man die Parität im Parlament durch Gesetze erzwingen kann. Ich finde es erschreckend, wie Politiker aus allen

Fraktionen Frauen immer wieder auf ihr Geschlecht reduzieren –
nur um ihr eigenes Image als innovative Strategen aufzubessern.
Auch dabei fällt immer wieder derselbe Begriff: »patriarchale
Strukturen«.

Nehmen wir etwa eine Diskussion vom Oktober 2020 über
»Mehr Frauen im Bundestag«. Dort erzählte der SPD-Genosse
Mahmut Özdemir, dass Frauen nur deswegen unterrepräsentiert
seien, weil frauenverachtende Regelungen wie die legale Vergewaltigung in der Ehe erst in den 90ern abgeschafft worden seien.
Auch Josephine Ortleb von der SPD sprach von »Strukturen«,
während CDU-Politikerin Petra Nicolaisen behauptete, dass das
»Patriarchat« Frauen dazu zwinge, sich eher um die Kinder als um
die Karriere zu kümmern.

Ich weiß nicht, in welcher Welt diese Politiker leben. In meiner Welt handeln die Frauen, die Karriere machen wollen, mit
ihren Männern vor dem Kinderkriegen aus, wer wen bei der Karriere unterstützt. Das nennt man Eigenverantwortung. Dass man
Frauen per se diese Fähigkeit abspricht, nur weil sie Frauen sind,
ist vor allem eines: sexistisch.

Ein anderes »Argument« in besagter Debatte war, dass Frauen
und Minderheiten »andere« Kompetenzen mitbrächten und man
sie deswegen in Parteien, Parlamente und Wirtschaft holen müsse.
So beteuerte Nicole Bauer von der FDP, dass die politische Teilhabe
von Frauen »essenziell« sei, weil »gemischte Teams« mit »ganz unterschiedlichen Perspektiven« erheblich »agiler« seien. Welche
»andere« Perspektive soll ich bitte haben, weil ich eine Frau mit
Migrationshintergrund bin? Eine sozialere? Eine gefühlvollere?
Eine türkischere? Irgendetwas zwischen Stricken und Ayran?

Es ist bezeichnend, wie hier ein argumentatives Cherry-Picking
betrieben wird. Denn auf der einen Seite flippen Feministinnen
regelmäßig aus, wenn davon die Rede ist, dass Frauen weniger
verdienen, weil sie – statistisch gesehen – andere Interessen ha-

ben. Wenn es aber um die eigene Vorteilsbeschaffung geht, hat man kein Problem damit, allen Frauen und Migranten spezielle Eigenschaften – oder »Perspektiven« – aufzudrücken und sie in die homogene Masse »der Anderen« zu pressen.

Häufig kam bei der Debatte auch der Begriff der »gerechten Abbildung« auf. So behauptete die Grünen-Politikerin Ulle Schauws, es gäbe einen »Unmut von Frauen im Bundestag«, weil sie »sich nicht gerecht abgebildet« fühlten. Anja Weisgerber von der CDU forderte indes, dass das Parlament ein »Spiegelbild des Volkes« sein solle. Und auch Leni Breymaier (SPD) forderte ein »größeres Abbild der Gesellschaft« im Bundestag. Man könne es sich nicht mehr leisten, schimpfte Josephine Ortleb, dass »wir Frauen« im Bundestag nicht angemessen vertreten seien. »Wir wollen mehr Teilhabe!«, rief sie wütend in den Plenarsaal.

Ich weiß nicht, wen die SPD-Politikerin mit »wir Frauen« hier meint. Ich weiß nur eines: dass ich nicht Teil ihres Clans sein will. Dass sich eine Politikerin anmaßt, für alle Frauen in Deutschland sprechen zu können, und behauptet, ich würde allein aufgrund meines Geschlechts ihre Politik, ihre Lebensrealität oder gar ihre persönlichen Probleme teilen, ist anmaßend.

Ich bin ein Individuum. Ich brauche niemanden, der behauptet, sich für mich stark zu machen, aber mir gleichzeitig einen Opfer-Stempel aufdrückt. Ich will nicht »mehr Teilhabe«, sondern genau so viel »Teilhabe«, wie ich es in meinem Alltag für angemessen halte. Wenn ich mich ungerecht behandelt fühle, beschwere ich mich. Dazu brauche ich keine*n Politiker*in.

Immer wieder wurde bei der Debatte mit dem Begriff »Demokratie« gewedelt: Ein »angemessenes, ausgeglichenes Geschlechterverhältnis« sei »ein Verfassungsauftrag« und »rechtlich vorgeschrieben«, behauptete der Liberale Konstantin Kuhle, während die christdemokratische Yvonne Magwas von einer »Demokratiefrage« sprach.

Das ist Nonsens. Demokratie bedeutet, dass Politiker das Volk vertreten, weil sie vom Volk gewählt worden sind – und nicht, weil sie eine spezifische Biologie haben. Menschen aufgrund ihrer Biologie einer Gruppe zuzuordnen und ihnen wegen dieser Biologie auch noch spezielle Kompetenzen und einen Quoten-Anteil im Parlament zuzuweisen – das hat weder etwas mit Demokratie, noch mit Liberalismus und der Freiheit des Individuums zu tun. Das ist reaktionäre Biopolitik, die nicht verfassungskonform ist.

Das müssten die Politiker eigentlich wissen. So hat das Landesverfassungsgericht in Thüringen im Juli 2020 das Paritätsgesetz, das Linke und Grüne auf den Weg gebracht haben, wieder gekippt. Das Gesetz sah vor, dass die Wahllisten der Parteien zu gleichen Teilen aus männlichen und weiblichen Kandidaten besetzt sein müssen. In der von der AfD eingereichten Klage hieß es, dass es gegen das Recht auf freie Wahlen verstoße, wenn Parteien vorgeschrieben werde, wie sie ihre Listen zu besetzen hätten. Politiker verträten zudem die Interessen des Volkes und seien nicht Repräsentanten von Gruppen, was – in letzter Konsequenz – zu einem antidemokratischen »Ständestand« führen würde.

Das Ergebnis: Das Gesetz wurde gekippt[12]. Denn das Abbilden von »gesellschaftlich-sozialen Verhältnissen im Parlament« sei dem Verfassungsrecht »fremd«, betonte der Verfassungsrichter Manfred Baldaus. Zudem gehe es bei demokratischen Wahlen um die Integration politischer Kräfte und nicht um die Integration von Frauen und Männern als Geschlechtergruppen. Denn: »Männer haben nicht mehr Rechte als Frauen und Frauen nicht mehr Rechte als Männer«[13].

Peinlich war dieses Urteil für diejenigen, die sonst zu Recht die rechtsextremen Tendenzen der AfD anprangern. Denn ausgerechnet der mit Nazi-Rhetorik spielende Propagandist Björn Höcke, der vom Systemsturz träumt, seine Wähler mit fremdenfeindlichen Parolen anstachelt und Verbindungen ins rechtsextreme Milieu pflegt, konnte nach dem Urteil stolz einen Sieg »für Demokratie und Verfassungsstaat« verkünden. Die CDU und FDP, die sich sonst lautstark für die Freiheit des Individuums und die Verteidigung des Rechtsstaates stark machen, hatten hier von Anfang an die Füße still gehalten.

Aber damit nicht genug. Auch in Brandenburg wurde im Herbst 2020 das von der rot-roten Landesregierung verabschiedete Paritätsgesetz gekippt. In seiner Pressemitteilung nennt das dortige Verfassungsgericht dieselben Gründe: Die Abgeordnete seien nicht »einem Wahlkreis, einer Partei oder einer Bevölkerungsgruppe, sondern dem ganzen Volk gegenüber verantwortlich«[14]. Es entspreche zudem nicht dem Prinzip der Verfassung, dass das Parlament die Bevölkerung in »ihren vielfältig einzuteilenden Gruppen, Schichten oder Klassen widerspiegeln soll«. Auch hier hatte die AfD geklagt.

Wie kann es sein, dass Linke, Konservative und Liberale gemeinsam so vehement an einer Identitätspolitik festhalten, die im Kern nicht nur sexistisch ist, sondern auch gegen die Grundsätze unserer Verfassung verstößt? Wie kann es sein, dass beim Thema »soziale Gerechtigkeit« selbst FDP und CDU plötzlich demokratische Prinzipien über den Haufen werfen?

Die Antwort ist einfach: Es ist ihre Sehnsucht nach einer besseren Welt. Es ist der dogmatische Glaube, dass mit einer Zahl – den 50 Prozent – Gerechtigkeit erreicht werden kann. Die »gesellschaftliche Teilhabe« ist wie ein absolutes Glücksversprechen, ein Garant für eine perfekte Welt ohne Leid, Ausgrenzung und Diskriminierung.

Wenn man etwa der FDP-Abgeordneten Nicole Bauer bei ihrer Rede zuhört, denkt man unweigerlich an die »Utopia« von Thomas Morus. Voller Euphorie spricht sie von Schweden, Finnland und Neuseeland, die einen viel höheren Frauenanteil in ihren Parlamenten hätten und daher in der »Championsleague« spielen würden. »Wir wollen auch Championsleague sein!«, ruft sie aus. Eine »bunte Mannschaft« und »gemischte Teams« seien »innovativer und vor allem zukunftsfähiger«. Es gehe darum, »mit gutem Beispiel voranzugehen«, darum, ein »wichtiges Signal in die Welt zu senden«, ja sogar um einen »globalen Kulturwandel«. Und einzelne SPD-Politiker beschimpften die Gegner der Parität als »Ewiggestrige«, die »keinen Grips« hätten.

Natürlich sollten wir eine sexismusfreie Gesellschaft anstreben. Natürlich ist sie der Idealzustand. Aber ist er überhaupt erreichbar? Ist es denn möglich, eine Welt ohne Machtgefälle, Unterdrückung und Ausgrenzung zu erreichen, in der alle Menschen aus allen erdenklich unterdrückten Gruppen gleichgestellt sind? Und, wenn ja, mit welchen Mitteln? Mit der Entmachtung des »alten weißen Mannes«? Mit einem 50-Prozent-Frauenanteil? Oder mit Parteien, Ressortleitern, Intendanten und Firmenchefs, die zukünftig ihre Mitarbeiter anhand ihrer biologischen Merkmale oder ihrer sexuellen Präferenzen auswählen?

Der Weg in die Knechtschaft: das »Othering«

Wir können uns alle daran erinnern, als während der Corona-Epidemie Verschwörungstheoretiker auf die Straße gingen. Ein Markenzeichen dieser Menschen ist es, dass sie nur die Dinge sehen, die das eigene verschrobene Weltbild – etwa, dass Bill Gates hinter dem Coronavirus steckt – bestätigen. Alle anderen Fakten blenden sie aus.

Solche Verschwörungstheorien sind wie eine Obsession: Man hat sich so sehr in ein Thema festgebissen, dass jede Kleinigkeit als Beweis dafür gilt, dass man mit seinen Annahmen richtig liegt. Irgendwann lauert der Feind dann überall: Er beherrscht das System, kontrolliert die Welt, dringt in jede noch so banale Alltagshandlung ein, was damit endet, dass sich Menschen Aluhüte auf den Kopf setzen, weil sie damit verhindern wollen, dass die Regierung ihre Gedanken abhört.

Die Social-Justice-Warriors erinnern an die Corona-Leugner. Denn beide sind auf der Suche nach der absoluten Wahrheit, nach einem großen allumfassenden Zusammenhang, nach einem höheren Sinn, der nicht nur die ganzen gesellschaftlichen Widersprüche beseitigt, sondern unübersichtliche, komplexe und komplizierte Sachverhalte in Politik und Gesellschaft auf eine einfache Ursache herunterbricht: Bill Gates ist schuld am Coronavirus, die Zionisten sind schuld an der Weltwirtschaftskrise, die koloniale Matrix ist schuld am rechten Terrorismus.

Der Vorteil dieser Weltsicht: Man ist mit ein paar anderen Ausgegrenzten der Einzige, der es gecheckt hat, der über den Dingen steht, der endlich den »großen Zusammenhang«, »die eine« Wahrheit verstanden hat, die für all das Leid auf der Welt verantwortlich ist. Somit kann man sich nicht nur vom Rest der Welt, der noch immer der intriganten Norm hinterherläuft, intellektuell und politisch abgrenzen. Man gehört auch zu den »Auserwählten«, den »Woken«, den »Sensibilisierten« – kurz: zu denjenigen, die es einfach verstanden haben.

Denn das rassistische System ist überall. Es ist allmächtig. Es dringt bis in die intimsten Alltagshandlungen ein, steuert jede Geste, jeden Verstand und jeden Gedanken. Somit kann alles als Beweis für die koloniale Matrix gesehen werden.

So erzählt Robin DiAngelo in ihrem Buch mit dem Titel »White Fragility«, dass ihre Freundin sie davor gewarnt habe, in eine bestimmte Gegend zu ziehen, weil es dort viel Kriminalität gebe. Ihr Schluss: Ihre Freundin ist eine Rassistin, weil in dem Viertel auch viele Schwarze leben.[15] An einer anderen Stelle beschwert sich die Autorin, dass ihre Eltern während ihrer Kindheit nicht dafür gesorgt haben, dass ihre Tochter mehr

Freundschaften zu Schwarzen pflegt. Ganz klarer Fall: Die Eltern sind Rassisten.[16]

Tupoka Ogette bemängelt, dass Afrika in Schulbüchern im Vergleich zu Europa als ein strukturschwacher und rückständiger Kontinent dargestellt wird, der von europäischen Hilfen profitiert, was ohne moralische Wertung erst mal den Tatsachen entspricht. Aber auch da ist klar: Es handelt sich hier um eine »neokoloniale Handlungsweise«[17]. Ergo: um Rassismus.

In einer Sendung des Bayerischen Rundfunks[18], in der die Journalistin Ariane Alter ihren eigenen »weißen Rassismus« in Frage stellen will, hat man es sogar auf Fair-Trade-Produkte abgesehen. Auf den Verpackungen von fair gehandelten Gewürzen und Kaffee sind afrikanische Bauern und Kinder abgebildet. Nun steckt hinter dem Prinzip »Fair Trade« ja ein spezielles Konzept: Der Käufer zahlt mehr, damit die Bauern in Schwellen- und Entwicklungsländern, die bei der herkömmlichen Produktion ausgebeutet werden, besser entlohnt werden. Aber auch hier lautet die Diagnose: Rassismus. Der Grund: Wenn wohlwollende weiße Menschen denken, dass Schwarze Hilfe bräuchten, so heißt es, dann reproduzierten sie damit rassistische Stereotype. Und selbst für diesen Nonsens haben sich die Social-Justice-Warriors einen Begriff ausgedacht, dessen Definition der BR für den Zuschauer dann auch noch mal einblendet: »White Saviorism«. Es ist kaum zu glauben, in welche absurden Sphären die Ideologie hier abdriftet: Menschen, die Armut in Afrika verhindern wollen, werden als Rassisten diffamiert.

Immer wieder heißt es, dass der Rassismus vor allem weißen Menschen nicht bewusst sei. Häufig reden Aktivisten dann von Alltagsrassismus oder Mikroaggressionen. Das seien »subtile, übergriffige Äußerungen«[19] und Handlungen, mit denen Weiße im Alltag Schwarze und Menschen mit dunkler Hautfarbe abwerten, ohne sich dessen bewusst zu sein. Häufig werden etwa ras-

sistische Beleidigungen (»Diese Schokobabys sind immer die sü-
ßesten!«[20]), Respektlosigkeiten gegenüber Schwarzen (wie ihnen
ungefragt ins Haar fassen[21]), Racial Profiling[22] (das vermehrte
Kontrollieren von Nicht-Weißen bei Polizeikontrollen) und der
Fakt angeführt, dass Dunkelhäutige häufig von Türstehern in
Clubs abgewiesen werden.[23] Dies zu Recht. So dürfen Schwarze
und Migranten keineswegs behandelt werden.

Es ist aber absurd, was bei den Social-Justice-Aktivisten noch
alles als Mikroaggression durchgeht. Etwa, wenn ein Weißer einen Schwarzen fragt: »Wo kommst du her?«[24], oder wenn eine
weiße Frau eine dunkelhäutige Person auf Englisch anspricht,
weil sie glaubt, dass sie nicht aus Deutschland kommt.[25]

Natürlich ist es unangenehm für Menschen, die nicht wie der
typische Deutsche aussehen, immer wieder dieselben Fragen
nach der Herkunft zu hören. Und natürlich ist es schrecklich,
dass Menschen, die in Deutschland zu Hause sind, durch solche
Fragen das Gefühl bekommen, Fremde zu sein. Damit das klar ist:
Die Stimmen von schwarzen Autoren, die über ihre Erfahrungen
schreiben, sind wichtige Stimmen. Und sie sollten zu Recht laut
sein, damit sie gehört werden.

Diese Vorkommnisse aber als Beweis für das Weiterleben der
kolonialen Herrschaft zu sehen, die alle Weißen unterbewusst zu
Rassisten macht, ist dennoch Unsinn. Fakt ist doch: Die Mehrheit
der Bevölkerung hat längst verstanden, dass Rassismus nicht zu
tolerieren ist. Genau deswegen müssen Aktivisten den Rassismus
auch mit der Lupe suchen und aus jeder Banalität eine »Mikroaggression« machen: damit sich das »rassistische System« überhaupt beweisen lässt.

Also wird jede Kleinigkeit als Beweis für die koloniale Matrix
gesehen. Etwa der Fakt, dass es in Kinderbüchern und Unterrichtsmaterialien keine dunkelhäutigen Menschen gibt. Oder
dass in deutschen Supermärkten nicht genügend Make-up für

Schwarze oder Pflegeprodukte für Afrohaare verkauft werden.[26] In der taz werden »Gesten oder schräge Blicke, die nichtweiße Körper stets und überall treffen«[27] als rassistisch bezeichnet. In vielen Medien wird die Tatsache, dass in der Schule nur rosafarbene Stifte – und nicht Stifte mit brauner Farbe – als »Hautfarbenstifte«[28] gelten, als Zeichen von Rassismus bewertet. Wie auch die Frage »Wo kommst du her?«

Nun ist es erst einmal verständlich, dass in einer Gesellschaft wie Deutschland, in der nur wenige Schwarze leben, es auch weniger schwarze Figuren in Filmen und Literatur gibt und entsprechend weniger Pflegeprodukte für Schwarze. Auch ist die Frage »Wo kommst du her?« nachvollziehbar. Denn die Mehrheit in Deutschland ist eben weiß. Genauso wie die Mehrheit in Ghana schwarz, die Mehrheit in Japan asiatisch und die Mehrheit in Indien dunkelhäutig ist. Eigentlich ist es doch logisch, dass Staaten ihre (kulturellen) Produkte nach der Mehrheit der Bewohner in ihrem Land ausrichten[29].

Aber genau das wird in der Social-Justice-Ideologie als Beweis für den unterbewussten Rassismus gesehen. Denn: Weiße verständen sich somit als »Normalität«, wodurch sie alle Schwarzen zu »den Anderen« degradierten. Und auch dafür gibt es nun einen Namen: das »Othering«. Und auch mit diesem Begriff geht ein spezielles Weltbild einher, dass sich die Aktivisten aus einzelnen philosophischen Theorien zusammengercimt haben.

Im Grunde ist der Begriff »Othering« ein anderes Wort für eine Subjektkonstitution[30]. Der Philosoph Hegel beschrieb sinngemäß, wie Menschen in der Gesellschaft ihr Selbstbewusstsein definieren. Seine Annahme: Man kann sich selbst nur dann als Subjekt – als Ich – definieren, wenn man sich von einem Objekt – dem Nicht-Ich – abgrenzt. Erst indem ich anderen also eine spezielle Identität verleihe, kann ich meine eigene Identität überhaupt erst definieren.

Vertreter des Postkolonialismus wendeten diesen Abgrenzungsmechanismus dann auf »den Westen« und »den Orient« an: Die Identität des Westens, der für Liberalismus, Menschenrechte und Freiheit stehe, sei nur dadurch zustande gekommen, weil die Kolonialmächte die ausgebeuteten Völker als »die Anderen« abgewertet hätten. Der weißen Identität des zivilisierten Imperialisten stellte man während der Kolonialzeit die Identität des schwarzen Wilden, des triebgesteuerten »Negers«, gegenüber. Schwarzen wurde somit das Menschsein abgesprochen, um Sklaverei, Genozid und Folter zu rechtfertigen.

Tatsächlich kann der postkoloniale Ansatz ein sinnvolles Instrument sein, um etwa die Kultur der vergangenen Jahrhunderte nach diesen Kriterien zu durchleuchten: Wann und wo werden Schwarze in Literatur und Kunst als unzivilisierte Wilde dargestellt? Welche blutige Geschichte steht hinter der Figur des Indianers? Auch ist natürlich die Frage legitim, inwiefern solche Stereotype, die »das Andere« abwerten, bis heute in unserer Kultur weiterleben.

Den Social-Justice-Warriors geht es aber nicht um Aufklärung. Vielmehr wird allein die Tatsache, dass Schwarze und Dunkelhäutige einen kleineren Anteil in der Bevölkerung ausmachen und nicht zur breiten Masse, also zur »Normalität«, gehören, bereits als Rassismus bewertet.

Auf diesen Schluss kann man nur kommen, wenn man davon ausgeht, dass alle Weißen per se Menschenfeinde sind, denen die Ausbeuter-Kultur in den Knochen steckt und die gar nicht anders können, als Migranten abzuwerten und auszugrenzen. Das ist absurd – und im Kern rassistisch.

Aber genau das konnte man einem Ratgeber über den Umgang mit LGBTQs entnehmen, der von der Antidiskriminierungsstelle des Bundes gefördert wurde. Es entspreche nicht nur einer »rassistischen Struktur«, dass »Weißsein« als Norm gelte, die alles, was ihr nicht entspreche, als »das Andere« »konstruiere«[31]. Auch dass »auf institutioneller Ebene« nicht genügend »Persons of Color« und »Schwarze Menschen« repräsentiert seien, wird hier als rassistisch bewertet. Denn: Wenn »in der Politik, auf Ämtern und im Bildungssystem vor allem weiße Menschen vertreten« seien, würden sie damit »weiße Interessen« verfolgen und somit »rassistische Strukturen« fortschreiben.[32]

Doch damit nicht genug. Dadurch, dass Weiße in der Gesellschaft die Mehrheit bilden und von kolonialen Strukturen beeinflusst sind, können Weiße auch keine Opfer von Rassismus werden, liest man etwa auf einer Online-Plattform der Bundeszentrale für Politische Bildung[33] und in zahlreichen Zeitungsartikeln.

Zugespitzt heißt das: Die weiße heterosexuelle »Normalität« muss zerstört werden, weil sie rassistisch und sexistisch ist. Und das kann nur geschehen, wenn der Anteil der Weißen, Heterosexuellen und Männer in allen Lebenslagen reduziert wird. Schwarze, Migranten, Frauen und Queers *müssen* also zu gleichen Teilen in kulturellen Produkten wie auch in allen Institutionen der Gesellschaft vertreten sein, weil wir erst dann in einer gerechteren Welt leben.

Dieses Denken wird nicht nur in den Medien, sondern auch in der Politik vorangetrieben. Chancengleichheit wird mit der totalen Gleichstellung, also der Ergebnisgleichheit, verwechselt. Konkret äußert sich das nicht nur in dem Verlangen, jede Institution zu 50 Prozent mit Frauen zu besetzen. Diese Ideologie – denn nur so kann man eine derartige Weltsicht nennen – wird vor allem dann zum Problem, wenn sie selbst von den mächtigsten Politikern des Landes befürwortet wird.

Extremismus mit Hautfarben bekämpfen ...

Nach den rechtsextremen Terroranschläge in Halle und Hanau und dem Mord an Walter Lübcke hat die Bundesregierung im März 2020 den Kabinettsausschuss »zur Bekämpfung von Rechtsextremismus und Rassismus« ins Leben gerufen. Beraten wurde der Ausschuss von der Bundeskonferenz der Migrantenorganisationen (BKMO). Wenn man sich die Forderungen der BKMO ansieht, wird deutlich, dass die Organisation die politische Aufmerksamkeit, die das Thema »rechte Gewalt« in der Politik gerade erfährt, ausnutzt, um Teile der Social-Justice-Ideologie in der Verfassung zu verankern.

So fordert die Organisation, dass die Definition von Rassismus im Grundgesetz und dem Allgemeinen Gleichbehandlungsgesetz (AGG) durch die Definition des »strukturellen Rassismus«[34] ersetzt und festgeschrieben wird. Das bedeutet: Menschen erfahren nicht mehr – wie im AGG definiert – dann Rassismus, wenn sie aufgrund ihrer Hautfarbe, ihrer Religion oder ethnischen Herkunft anders behandelt oder abgewertet werden. Vielmehr bedeutet »struktureller Rassismus« Folgendes: Da alle Weißen unbewusst von der kolonialen Matrix beeinflusst sind, könnte die Behauptung, dass Weiße aufgrund ihrer Hautfarbe Rassisten sind, gesetzlich legitimiert werden. Und: Weil Weiße wegen ihrer größeren Repräsentanz in der Bevölkerung eine Norm bilden – also eine »Machtposition« einnehmen –, können sie auch nicht Opfer von Rassismus werden. Kurz: Weißen könnte aufgrund der Hautfarbe Rechte – wie das Recht, sich juristisch gegen Rassismus zu wehren – entzogen werden.

Übertrieben? Nein, denn es geht noch weiter. Weil ja Weiße überall in der Gesellschaft die Mehrheit bilden, müsste der Staat folglich dafür sorgen, diese Mehrheit in den Parlamenten, Redaktionen, Unternehmen, Museen, Filmproduktionen, Lehrer-Kollegien, Ministerien – etc., etc. – zu beseitigen. Dieser Auswuchs in Richtung Biopolitik ist keine Lappalie. Vor allem dann nicht, wenn man sich vor Augen führt, dass die Aktivisten es bei ihren Verhandlungen mit der Bundesregierung tatsächlich geschafft haben, die Streichung des Begriffs »Rasse« aus Absatz 3, Artikel 3 des Grundgesetz zu bewirken. Durch welchen Begriff »Rasse« ersetzt werden soll, ist momentan noch offen[35].

Aber damit nicht genug. Die BKMO fordern auch ein Partizipationsgesetz und mit ihm eine staatlich verankerte Quote, die festlegt, dass Migranten, »die von Rassismus betroffen sind, gemäß ihres Bevölkerungsanteils« im öffentlichen Dienst vertreten sein sollen.

Hierbei ist vor allem interessant, dass keine Quote für Menschen mit Migrationshintergrund eingeführt werden soll, sondern eine Quote für Eingewanderte, »die von Rassismus betroffen« (also: People of Color) sind. Aber wie soll man die Daten für diese Quote statistisch erheben? Es ist eher unwahrscheinlich, dass die Leiter der zuständigen Ämter ein Telefon in die Hand nehmen, um jeden einzelnen Menschen mit ausländischen Wurzeln nach der erlebten Diskriminierung zu befragen. Daher kann man die Formulierung nur so interpretieren: dass es eine Quote für Schwarze und Dunkelhäutige geben soll. Und schon kommen wir zum nächsten Problem: Führt der deutsche Staat denn Buch über die Hautfarbe seiner Bürger?

Hier sind wir genau bei dem Vorwurf der Aktivistinnen angekommen, dass ich keine »genuine« Türkin sei: Ab wann sieht eine Person dunkel genug aus, wie muss ihr Gesicht geformt sein und ihr Name klingen, damit man sie als »von Rassismus betroffen« abstempeln kann? Ist ein Spanier mit Akzent diskriminiert genug oder muss es schon ein Türke sein? Zu welcher Gruppe gehöre ich – oder sollte ich schweigen, weil meine Haut – nach Meinung der Antirassismus-Aktivisten – »zu weiß« ist? Sprich: Wie »ausländisch« muss das Auftreten einer Person sein, damit man sie als PoC und somit zu der – per Gesetz – diskriminierten Gruppe zählen kann? Aber vor allem: Wer bestimmt, welche biologische Kriterien erfüllt sein müssen, damit eine Person zu den Diskriminierten zählt? Wer sind diese »Experten«?

Für die Grünen ist einer dieser Experten[36] die Autorin Sibel Schick, die auf Twitter einen hartnäckigen Kampf gegen »alte weiße Männer« führt, »Almans« als »Müll« beschimpft und behauptet, dass »weiße cis[37] Männer« »ekelhaft« seien. So wurde Schick von den Grünen als Moderatorin für einen Talk mit dem Namen »Wir wollen den Aufbruch der Vielen! #EinWirFürAlle«[38] engagiert. Dort ging es nur am Rande darum, wie man Menschen mit Migrationshintergrund bei der Integration unterstützen kann. Vielmehr versteifte sich die Diskussion auf Quoten für Menschen mit »sichtbaren Rassismushintergrund«.

Und auch die Grünen haben im März 2020 einen »Aktionsplan gegen Rassismus« vorgestellt. Das Ziel: Man will sich um »sicherheitspolitische Maßnahmen« kümmern, um »rechtsextreme Gewalt zu stoppen« und »rechtsextreme Netzwerke auszuhebeln«[39]. Rassismus beginne nicht erst bei Gewalt und Terror, heißt es hier, sondern dort, »wo Menschen aufgrund bestimmter Zuschreibungen zu Fremden, zu Gästen und zu Anderen« gemacht würden.

Allein die Idee, dass eine Person mit dunkler Hautfarbe nicht deutsch sei, könne Menschen also dazu verleiten, sich der Ideologie des NSU anzuschließen oder rechtsterroristische Anschläge auf Politiker, Synagogen oder Menschen mit Migrationshintergrund zu begehen.

Aus diesem Grund, so heißt es in dem Aktionsplan, setzen sich die Grünen »mit Entschlossenheit« für »eine vollumfängliche gesellschaftliche und politische Teilhabe« dieser »Anderen« ein. Die Grünen behaupten hier also, dass allein die größere Repräsentanz von Weißen in öffentlichen Institutionen Rechtsextremismus befördert, weswegen sie Quoten für Migranten und Dunkelhäutige fordern, damit der beklagte Extremismus beseitigt werden kann.

Das ist doch absurd: Ein Mensch, der Juden hasst, weil er an das Märchen von der jüdischen Weltverschwörung glaubt, wird seinen Hass nicht plötzlich aufgeben, weil im öffentlichen Dienst mehr Dunkelhäutige arbeiten. Und ein Extremist, der sich nach einem »reinen« Arier-Volk sehnt und »Ausländer« in ihre Heimatländer abschieben will, wird sich von dieser Ideologie nicht verabschieden, weil mehr Migranten im Bundestag sitzen.

Umso mehr verstört es, dass die krude Logik der woken Aktivisten auch von der Bundesregierung unterstützt wird. So hat die Regierung im November 2020 nach den Beratungen mit der BKMO einen Maßnahmenkatalog beschlossen, um Rechtsextremismus und Rassismus zu bekämpfen. Es gehe darum, Extremismus »an der Wurzel« zu packen, indem man in der gesamten Gesellschaft eine größere »Sensibilität« für Rassismus schaffe, erläuterte die Staatsministerin für Migration, Flüchtlinge und Integration, Anette Widmann-Mauz. Auch die Behörden sollten ein »Spiegelbild des Volkes« sein, weswegen man jetzt mehr Menschen mit Migrationshintergrund in den öffentlichen Dienst holen will.

Um das noch mal ganz klar zu stellen: Natürlich muss der Staat diskriminierten Menschen zur Seite stehen. Es muss möglich sein, rassistische Ausgrenzung, die besonders in Behörden wie dem Jobcenter oder in der Polizei vorkommen, zu ahnden und die Verantwortlichen zur Rechenschaft zu ziehen. Selbstverständlich soll der Staat Kinder und Jugendliche aus sozial schwachen Einwandererfamilien bei der Integration, in der Schule, bei Bewerbungen und bei der Jobsuche unterstützen. Denn diese Jugendlichen haben es oft sehr schwer und sollen alle möglichen Chancen auf sozialen Aufstieg bekommen.

Und natürlich ist es löblich, wenn der Staat Menschen mit Migrationshintergrund unter die Arme greifen will, indem er sie durch Kampagnen ermutigt, sich etwa in den Ministerien zu bewerben. Die gute Intention schafft es aber nicht, den rassistischen Grundton solcher politischer Maßnahmen zu übertönen.

Denn Menschen aufgrund ihrer Hautfarbe oder Herkunft irgendetwas zu unterstellen, sie in homogene Gruppen zu pressen, sie zu bevorteilen oder sie gar als Vorzeige-Mitarbeiter zu sich in die Behörde zu holen, weil man glaubt, dadurch rechte Gewalt bekämpfen zu können – das ist nicht nur naiv. Das ist reine Symbolpolitik.

Mit der Migranten-Quote verhält es sich wie mit der Frauenquote: Menschen, die vielfältige und ganz unterschiedliche Herkunftsgeschichten, Elternhäuser, Lebenseinstellungen und Charaktereigenschaften mitbringen, werden aufgrund ihrer Hautfarbe in die Gruppe »der Anderen«, »der Fremden« oder »der Gäste« gepresst. Dazu drückt man ihnen abwertende Eigenschaften – wie die des hilflosen Opfers – auf. Sind solche Pauschalisierungen nicht genau das, was wir eigentlich verhindern wollen?

... oder indem man Weißen die Jobs wegnimmt

In den 30er-Jahren schrieb der Brite Aldous Huxley einen Roman, in dem es um eine grauenhafte Zukunft geht: Die Welt wird im Jahr 2540 von einer Herrschaft regiert, die Menschen in unterschiedliche Kasten einteilt: in Alphas, Betas, Gammas und Epsilons. Diese Bevölkerungsgruppen werden vom Staat in Reagenzgläsern gezüchtet und vor der Geburt so manipuliert, dass unter ihnen eine biologische Rangfolge entsteht: Den niederen Kasten wird absichtlich Alkohol zugeführt und Sauerstoff entzogen, damit sie zu keinen höheren geistigen Leistungen fähig sind, sondern nur die primitive Arbeit ihrer Kaste ausführen können. Auch werden sie alle von einer Eizelle geklont und so erzogen, dass sie sich nur unter ihresgleichen, im Kollektiv, wohlfühlen. Sie dürfen keine Individuen sein.

Nicht so die Alphas. Sie stehen an der Spitze des Systems, sitzen in Führungspositionen, leben im Luxus, können sich teure Urlaube leisten und genießen ihre Freiheiten. Sie werden von klein auf dazu erzogen, sich von den anderen Kasten abzugrenzen, sie abzuwerten und die Zugehörigkeit zu ihrer Kaste über alle anderen zu stellen.

Huxley nannte diesen Roman »Schöne neue Welt«. Einerseits entwickelt er in ihm eine perfekte Sci-Fi-Welt, in der unvorstellbare Flugzeuge durch die Luft schwirren und eine sagenhafte Wissenschaft betrieben wird. Das politische System funktioniert reibungslos. Andererseits macht Huxley auf genau das Problem aufmerksam, das bei dem Versuch entsteht, Utopie in die Praxis umzusetzen: Das System funktioniert nur deswegen, weil es totalitär ist. Nur indem der Staat seine Bürger bis in die intimsten Sphären hinein manipuliert, kontrolliert und in Kasten einteilt, kann es zu einer – vermeintlich – perfekten Ordnung, einer perfekten Herrschaft kommen.

Natürlich sind wir in Deutschland weit entfernt von Huxleys Szenario. Wir leben in einer Demokratie, in der Meinungsfreiheit und Gewaltenteilung herrschen, Extremismus jeder Art vom Verfassungsschutz beobachtet wird und Parteien und Medien frei wirken können. Zudem gibt es einen breiten Konsens in der Bevölkerung, der totalitäre Vorstellungen ablehnt. Und diese Demokratie lässt sich nicht einfach abschaffen.

Trotzdem erinnert das Szenario in »Schöne neue Welt« an die Zukunft, die sich die Social-Justice-Warriors herbeisehnen: Denn auch sie streben mit dem Ansatz der »Intersektionalität« eine Gesellschaft an, die – und das ist die Parallele zu Huxley – nach biologischen Merkmalen hierarchisiert wird. Motto: Alte weiße Männer sollen entmachtet werden und weniger Rechte genießen, wogegen man andere Gruppen – je nach dem empfundenen Leid durch Hautfarbe, Herkunft oder Geschlecht – in der Hierarchie höher oder tiefer positioniert.

Ähnliches gibt die Aktivistin Sibel Schick auf Twitter preis. Dort spricht sie von »Weißtürken«, die – anders als Kurden – von »Rassismus profitieren«, und Schwarzen, die dennoch »Privilegien« haben, wenn ein Elternteil weiß ist.[40] Die Aktivistin entwirft hier Opferhierarchien: je nachdem, »wie weiß« die Hautfarbe oder »wie weiß« die Gene sind, soll man entsprechend mehr oder weniger Rechte genießen.

Oder nehmen wir eine Rede, die der Journalist Mohamed Amjahid auf der Republika[41], der größten deutschen Medienmesse, gehalten hat. Rassismus habe einen strukturellen Charakter, erzählt Amjahid dort, was dazu führe, dass nur »alte weiße Männer« in den oberen Etagen der Zeitungen und Sender säßen. Und diese »rein homogenen, weiß cismännlichen und heteronormativen Führungsfiguren« seien auch für die Medienkrise verantwortlich. Und zwar deshalb, weil ein »weißer Ressortleiter aus einem gutbürgerlichen Haus« sich nicht »in gewisse Lebensrealitäten« hineindenken könne, wie zum Beispiel in die Welt eines Arbeiterkindes oder eines »People of Color«. Deswegen würden die deutschen Chefredakteure, so Amjahid, auch schlechtere Produkte und »langweiligen Content« produzieren. Eigentlich ist das kaum zu glauben: Hier wird »guter« und »schlechter« Journalismus tatsächlich an der Hautfarbe von Chefredakteuren festgemacht.

Ich finde es unfassbar, wie Ahmjahid hier die Realität ignoriert: Vor allem in den Redaktionen von Zeit Online, taz, Deutschlandfunk, Deutschlandfunk Kultur, Süddeutsche Zeitung, Spiegel Online und in den jungen Formaten wie Funk, Ze.tt, in Sendungen wie »Titel Thesen Temperamente«, im FAZ-Feuilleton, im Spiegel und in der Zeit beschäftigen sich weiße Journalisten fast wöchentlich mit den Themen Feminismus, Diversität und »weißen Privilegien«. Selbst die nicht gerade linke Bild-Zeitung hat mittlerweile ein queeres Ressort, in dem LGBTQ-Themen behandelt werden.

Alte weiße Kommentatoren wie Heribert Prantl oder Patrick Bahners werden nicht müde, in ihren Texten die eigene Männlichkeit und das eigene Weißsein in Frage zu stellen, während in ihren Zeitungen die Bücher von schwarzen Autorinnen wie Tupoka Ogette, Noah Sow, Alice Hasters und Reno Eddo-Lodge als Bestseller gefeiert werden. Also: In was für einer Welt lebt Mohamed Amjahid? Und wie kann er behaupten, dass Weiße nicht die Perspektive von »People of Color« abbilden können, wenn es doch täglich passiert?

Aber es kommt noch besser. Amjahid erklärt allen Ernstes, dass sich »People of Color« per se nicht für bürgerliche oder konservative Ansichten interessieren würden. Aber wofür interessieren sie sich dann? Amjahid gibt ein Beispiel: PoCs seien etwa »progressive Frauen«, die »ihre Queerness offen« ausleben oder Kopftuch tragen würden. Nach ihm sind Migranten genauso links wie die eigenen Peers, mit denen man Vorlesungen über Bourdieu besucht und in den Berliner Hipster-Kneipen abhängt.

Wie unsinnig dies ist, erklärte die Migrationsexpertin Naika Foroutan im Jahr 2018 in einem Interview. Menschen mit Migrationshintergrund wählen in Deutschland mehrheitlich nicht links, sondern rechts[42]. So trendet die AfD vor allem bei Russlanddeutschen, Polen, Rumänen und Italienern, während selbst Deutschtürken eher CDU wählen oder sich mit der FDP identifizieren. Der Grund: Christian Lindner verkörpere den Typ vieler migrantischer Männer, die lieber BWL als Geisteswissenschaften studieren, trendy Kleidung tragen und an den wirtschaftlichen Erfolg glauben, so Foroutan. Die SPD habe indes bei Migranten verloren, weil sie sich in einen »postmodernen Luxusdiskurs der Kosmopoliten« verloren hat, anstatt sich um die Integration der Einwanderer zu kümmern.

Auf welche Migranten aus sozial schwachen Schichten bezieht sich also Amjahid? Der Grund, wieso weniger »People of Color« im Journalismus vertreten sind, liegt doch für alle, die sich hier auskennen, auf der Hand: Nur wenige Menschen, die in prekären Verhältnissen aufgewachsen sind, wollen in ihrem Milieu bleiben – indem sie sich für eine Berufsbranche entscheiden, die eine so unsichere Zukunft hat, fast keine Festanstellungen anbietet und in der so schlecht bezahlt wird wie im Journalismus unserer Tage.

Das Fazit lautet bei Amjahid, wie gesagt: Die »weiße Führungsriege« im Journalismus muss abgeschafft werden. Es soll ein »Wandel in den Köpfen« herbeigeführt werden, weiße Chefs sollen dafür sorgen, dass »sie alle gehen« und dann hoffen, dass es »die diversere Führungsebene besser macht«.

Im Social-Justice-Aktivismus bleibt es aber nicht nur bei Entmachtungsfantasien. So veröffentlichte der DLF neulich einen Tweet, in dem ein Radiobeitrag über alte weiße Männer vorgestellt wurde: »Mächtige weiße Männer und toxische Verhaltensweisen, ein wiederkehrendes Thema. Sterben sie aus oder wachsen stetig welche nach?«[43] Es sei nur eine Frage der Zeit, bis ein Kulturwandel eintrete, weil sich das Problem mit den alten weißen Männer sowieso bald »biologisch auflösen« würde, erzählt hier der Moderator. Die Reaktion der Gäste: Lachen. Und es folgte der Hinweis, dass die Boomer-Generation und »die Konservativen« nicht einfach so ihre Macht an »die Diversen« abgeben würden.

Hier wird nicht nur ein Kulturkampf zwischen Jung und Alt, Boomer und Millennials, progressiv und reaktionär heraufbeschworen, der allen Queers, Frauen und Migranten qua Kaste die gleiche totalitäre Gesinnung unterstellt, mit der man sich selbst vor dem Mikrofon als Retter der Nation bejubelt. Der Hass auf Menschen, die einem politisch nicht in den Kram passen, geht hier so weit, dass man sie rassistisch abwertet und auf ihren Abgang hofft. Dieser Beitrag lief in Deutschlandfunk Kultur, also einem der prestigeträchtigsten und größten Radiosender in Deutschland.

Cancel Culture

Wir erinnern uns: Die koloniale Matrix ist überall. Alles ist rassistisch, weil alles von alten weißen Männern »konstruiert« wurde – und deswegen kann auch alles, was einem nicht passt, verboten werden. So einfach ist das.

Für diese Form der Zensur hat sich in den USA ein Begriff etabliert: die Cancel Culture. Und die hat vor allem nach dem entsetzlichen Tod von George Floyd um sich gegriffen. So rissen Aktivisten auf der ganzen Welt im Zuge der Black-Lives-Matter-Bewegung Statuen von Kolonialherren ab, während in Berlin Straßennamen wie die »Mohrenstraße« umbenannt wurden. Mozilla Firefox ersetzte das »Masterpasswort« durch »Hauptpasswort«, weil der Ausdruck »Master/Slave« – ob ungewollt oder nicht – zum »Wachhalten von Rassismus beitragen«[1] würde.

Ein britischer Satire-Account auf Twitter mit dem Namen Titania McGrath postete neulich ein Best-of von Zeitungsartikeln, die Dinge kritisieren, hinter denen Aktivisten eine koloniale Praxis vermuteten. Darunter waren Schuhe, Wein, Yoga, Hunde, das Begehren von Schwarzen, das Nichtbegehren von Schwarzen, Weiße, die zu Schwarzen freundlich sind, und so weiter.

Das mag sich witzig anhören. Der moralische Druck, den die Aktivisten hier aufbauen, ist aber alles andere als witzig. So musste sich der Reishersteller »Uncle Ben's« von seinem Markenlogo trennen, das einen lächelnden Schwarzen darstellte. Auch die Washington Redskins verabschiedeten sich vor kurzem von ihrem Logo, das den Kopf eines mit Federn geschmückten Indigenen zeigte.

Auch die Popkultur muss herhalten. In den USA feuerten die Macher der Comic-Serie »Die Simpsons« den Synchronsprecher Hank Azaria. Der Grund: Er gab der indischen Figur Apu Nahasapeemapetilon seine Stimme und überspitzte dabei seinen indischen Akzent. Das Problem dabei: Azaria hat eine weiße Haut. Ein US-Komiker mit indischen Wurzeln fühlte sich von dem starken Akzent verletzt. Die Figur Apu würde damit »rassistische Klischees« reproduzieren. Dabei lebt doch die Comic-Serie von überzeichneten Klischees! Da gibt es etwa den verklemmten und mittlerweile als schwul geouteten Mr. Smithers, den raffgierigen Reichen Mr. Burns, den frommen Christen Nad Flanders und einen Mexikaner, der stets in einem Bienenkostüm auftritt und »Ay ay ay, no es bueno!« ruft. Der größte Star der Serie verkörpert das Klischee schlechthin: den trotteligen Bierbauch-Ami Homer Simpson.[2]

Viel schlimmer als die Ausbootung von Azaria war aber, wie sich die Macher der Serie dann in den Staub warfen. In Zukunft werden bei den Simpsons weiße Menschen nicht mehr dunkelhäutige Figuren synchronisieren, weswegen auch die Figur des schwarzen Arztes Dr. Hibbert eine neue Stimme bekommen soll, hieß es. Denn: Auch Hibberts Synchronstimme war weiß.

Um Rassismus zu vermeiden, dürfen Inder also nur indische Figuren synchronisieren, nur Schwarze dürfen einer schwarzen Figur die Stimme leihen, während Weiße nur weiße Figuren synchronisieren dürfen. Woher kommt diese krude Logik?

»Kulturelle Aneignung« – der reine Volkskörper

Man ahnt es: Sie kommt aus der Welt der Social-Justice-Warriors. Der britische Bestseller-Autor Tom McCarthy erzählte einmal in einem Interview, wie schwarze Aktivisten gegen einen Preisträger des Turner-Preises protestierten. Der Grund: Der Preisträger kritisierte in seiner Kunst Gewalt gegen Schwarze in den USA. Das dürfe er aber nicht, so die Aktivisten, weil er ein Neuseeländer mit fidschianischen Wurzeln, also kein »echter« Afroamerikaner sei.[3] Sogar Barack Obama wurde während seiner Amtszeit vorgeworfen, dass er eigentlich nicht »schwarz« sei, weil seine genetischen Wurzeln in Afrika lägen, weswegen er auch nicht für die Rechte von Afroamerikanern kämpfen könne.[4]

Auch für diese rassistische Denkart hat sich die Antirassismus-Szene einen Begriff ausgedacht: »Kulturelle Aneignung« (Cultural Appropriation). Das Prinzip: Weiße dürfen sich keine Kulturgüter anderer Kulturen zu eigen machen, weil sie sonst die kolonialen Verbrechen der Imperialstaaten fortsetzten.

In diese Kerbe hieb die taz-Kolumnistin Hengameh Yaghoobifarah vor einiger Zeit im Missy Magazin. Die Autorin beschreibt dort ihre Abscheu vor Menschen mit weißer Hautfarbe, während sie ein Musikfestival besucht. Die Veranstaltung sei ihr zu »weiß«, zu männlich, zu hetero und das Essen zu deutsch – und zudem seien die meisten Weißen rassistisch, weil sie Dreadlocks, Federschmuck, Kimonos und Turbane trügen. Und falls es doch exotisches Essen gab, sei es von Weißen serviert worden.[5] Ergo: Nur Indigene dürfen Federschmuck, nur Japaner Kimonos tragen, nur Afrikaner afrikanisches Essen servieren. Jede Kultur soll also bei ihrem kulturellen Brauch bleiben. Durchmischungen sind nicht erlaubt.

Die taz-Kolumnistin ist damit nicht allein. Nicht nur deutschsprachige Feuilletons nennen ihren Ansatz eine besonders »kultursensible« Methode. Auch die staatliche Bildung zog nach. So verbot ein Kindergarten in Hamburg das Tragen von Indianer- und Scheich-Kostümen zum Fasching[6]. Eine Kita in Erfurt schaffte das Verkleiden zum Rosenmontag sogar komplett ab.[7]

Auch Alice Hasters macht sich gegen die »Kulturelle Aneignung« stark. Sie schreibt, dass die Besucher von Techno-Festivals sich beim Tanzen nicht mehr gegenseitig mit Farben bewerfen dürften, weil so ein hinduistischer Brauch, das Holi-Fest, von Weißen missbraucht würde,[8] und Möbel- und Kleidungshersteller sollten – wenn die Designer weiß seien und nicht in Westafrika lebten – aufhören, westafrikanische Prints anzubieten, weil sonst »koloniale Strukturen fortgesetzt«[9] würden.

Auch die Antirassismus-Aktivistin Jasmina Kuhnke demonstrierte neulich auf Twitter, wie Menschen je nach Beschaffenheit der Gene mehr oder weniger Rechte haben sollen. Hier erzählte eine Userin, dass sie eigentlich »zu weiß«[10] sei, um Rastazöpfe zu tragen, aber einen afrikanischen Vater habe. »Ist das dann erlaubt?«, fragte sie Kuhnke. Die Antwort: Kein Problem, solange der Vater »Schwarzafrikaner« sei. Es reicht also, wenn das Blut eines Menschen zur richtigen »Rasse« gehört, um afrikanische Flechtfrisuren tragen zu dürfen.[11]

Damit wird eine Form der Rassentrennung betrieben, die man eigentlich von der extremen Rechten kennt: der »Ethnopluralismus«. Keine Kultur ist mehr wert als die andere, lautet hier die Agenda, aber jede Kultur hat ihren eigenen angestammten Platz, an dem sie besser bleiben soll. Denn es darf zwischen den Kulturen keine Vermischungen geben.

Dieser Reinheitsgedanke stammt aus dem Dritten Reich. Die Nationalsozialisten wollten nicht nur das deutsche »Blut« »rein« halten, indem sie Juden, andere Ethnien, politische Feinde oder Andersdenkende als ansteckende Kranke, Ungeziefer oder Parasiten abwerteten, die die »Rasse« beschmutzen könnten. Sie wendeten ihre »Säuberungen« auch auf die Kultur an: Bücher wurden verbrannt, Kunst und Musik als »entartet« stigmatisiert, verkauft oder in eigenen Besitz gebracht.

Es ist unfassbar, wie dieser Wille zur kulturellen Säuberung fast 100 Jahre nach Hitlers »Mein Kampf« wieder en vogue wird – aber diesmal bei Aktivisten, die von der breiten Gesellschaft als »progressiv« gefeiert werden.

James Bond, Borat und ein nackter Amor – alles »toxisch«?

Besonders hartnäckig haben es die Aktivisten, wie schon beschrieben, auf den weißen Mann abgesehen. Die jüngsten Angriffe musste James Bond erfahren. So zum Beispiel in einem Artikel im Tagesspiegel, der der Figur attestierte, ein misogynes Männlichkeitsideal zu verkörpern, das aus einer »weißen und männlichen Kultur« stamme und eine so große Ikone sei, dass sie »gesellschaftliche Wirkmacht« habe. Männer müssten also vor James Bond beschützt werden, weil sie sonst auch anfangen, Martini zu trinken, rumzuballern und eine Frau nach der Anderen flachzulegen. Mit Erfolg. Der nächste James Bond wird jetzt von der schwarzen Schauspielerin Lashana Lynch gespielt. Der ganze Charakter des Weltklassikers wird damit zerstört.

Auch hier beziehen sich die Aktivisten auf einen fragwürdigen Social-Justice-Begriff: den der toxischen Männlichkeit. Typisch männliche Eigenschaften sind »toxisch«, heißt es da, weil sie nicht nur den Frauen, sondern auch den Männern schaden.

So brachte die American Psychological Association (APA) neulich einen Ratgeber mit dem Namen »Guidelines for Psychological Practice with Boys and Men« heraus. Typisch männliche Eigenschaften wie Dominanz, Aggression und Konkurrenzdenken trieben Männer häufiger hinter Gitter, ins Krankenhaus oder in den Tod und seien deswegen schädlich. Fair enough, denkt man sich hier, aber nein: Es muss schon der gesamte Mann abgeschafft werden.

Also hält die APA selbst völlig normale Charaktereigenschaften wie die Lust auf Abenteuer und Erfolg, Risikofreudigkeit und das Verleugnen von Schwäche für Auswüchse einer »traditionell männlichen Ideologie«[12]. Auch das Stereotyp des verschlossenen Mannes, der weder Gefühle zulassen noch Schwäche zeigen darf, wird hier verteufelt, weil diese Eigenschaften auf Dauer zu psychischen Problemen wie Depressionen und chronischem Stress führen würden. Ganz nebenbei: Der Kerngedanke der queeren Identität – dass sich Frauen auch wie Männer verhalten können – wird hier über Bord geworfen. Das Fazit: Traditionelle Männlichkeit sei »psychisch schädlich«.

Viele Aktivisten haben seitdem ein neues Hobby: Männlichkeit zu beseitigen – indem man mit der Lupe alle Kulturprodukte nach »zu viel Männlichkeit« absucht. So hieß es neulich auf einem Sharepic des DLF, dass »der Film« den Männern lange beigebracht habe, wie »ein echter Mann« aussehen solle: Er müsse stark sein, immer wieder aufstehen, wenn er falle, keine Emotionen zeigen und zu seinen Prinzipien stehen. Diese schändlichen Vorbilder würden bis heute »weitergelebt und reproduziert«. Dazu wurde ein Bild von Sylvester Stallone in »Rocky« gezeigt.[13]

Was für eine stupide Agenda! Denn die Filmgeschichte ist voll mit sensiblen Männern, die am Stereotyp des Machos scheitern und dennoch als Helden gefeiert werden – wie etwa der introvertierte Martin Brody in »Jaws«, der sich nicht nur mit einem Hai, sondern auch mit einem nervigen Macho herumschlagen muss. Auch Jeff Goldblum in »Jurassic Park« läuft eher vor den

Dinos weg, als mit ihnen zu kämpfen. Was ist mit dem verträumten Hugh Grant in »Notting Hill«? Und auch Tobey Maguire in »Spiderman« ist ein tollpatschiger Nerd, der sich nicht mal traut, seine große Liebe anzusprechen. Die ganze Tragik berühmter Figuren wie Toni Soprano oder Walter White besteht darin, dass sie eigentlich am Ideal des harten Mannes verzweifeln.

Ganz zu schweigen von den Formaten, die gerade auf Streaming-Plattformen wie Netflix gefeiert werden. In Serien wie »Black Mirror«, »The End of the F***ing World«, »Sex Education«, »Orange Is The New Black« oder Sci-Fis wie »Annihilation« sind Hauptrollen absichtlich mit Frauen, Queers, lesbischen Paaren, Indern oder Schwarzen besetzt, während die Plots radikal mit kulturellen Klischees und Normen brechen. Das Bedürfnis der urbanen Kosmopoliten, die keine Lust mehr auf die spießige Welt von Hollywood haben, wird also schon befriedigt. Und diese Formate trenden zu Recht, denn sie sind großartig.

Doch es reicht den Social-Justice-Warriors nicht, wenn ihre eigenen Bedürfnisse befriedigt werden. Auch alle anderen müssen denken wie sie. Also geben sie sich erst zufrieden, wenn der alte weiße Mann komplett von den Bildschirmen verschwunden ist. Und dieses Ziel wird notfalls mit der Brechstange durchgesetzt.

So screenen Netz-Aktivisten mit dem Hashtag #OscarSoWhite jedes Jahr aufs Neue die Oscar-Preisträger nach zu wenig Frauen, Dunkelhäutigen und Queers durch und werfen der Oscar-Academy immer und immer wieder Rassismus und Sexismus vor. Mit Erfolg. Denn im Jahr 2020 knickte die Academy of Motion Picture Arts and Sciences dann ein und beschloss, den besten Spielfilm ab jetzt nur noch nach speziellen Diversitäts-Kriterien zu vergeben.

Mindestens drei der folgende Kriterien müssen dabei erfüllt sein: So müssen 30 Prozent der Nebendarsteller oder eine Hauptrolle entweder weiblich sein oder einer ethnischen oder sexuellen Minderheit angehören. Dasselbe gilt auch für Regie, Produktion, Drehbuch, Praktikanten oder Mitarbeiter, die generelle Arbeiten verrichten. Oder die Filmhandlung muss sich mit den Problemen von diskriminierten Gruppen beschäftigen.[14]

Auch Deutschland zog nach. So führte die Filmförderung Hamburg Schleswig-Holstein eine Diversity-Checkliste ein, die die Filmemacher ausfüllen müssen, um sich für Förderungen zu bewerben. Unter dem Punkt »Erzählte Geschichte« kann man etwa »Migration und Vertreibung«, »sexuelle Identitäten«, »Geschlechterrollen« oder »Hautfarbe bzw. People of Color« ankreuzen.[15] Dasselbe Prinzip gilt für die Besetzung der Schauspieler. Auch müssen die Künstler Geschlecht und Hautfarbe des Produzenten, Regisseurs und Drehbuchautors angeben. Die Bewerber müssen sogar darlegen, durch »welche Ansätze« sie »in der Figurenentwicklung klischeehafte Rollenbilder vermeiden« wollen.

Solche Regelungen sind fatal. Denn bald wird es für Filme wie »The Irishman« von Martin Scorsese oder Tarantinos »Once Upon a Time … in Hollywood« unmöglich sein, einen Oscar zu gewinnen. In Hamburg und Schleswig-Holstein wird vor allem jungen Talenten der Geldhahn zugedreht – wenn Regisseure zum Beispiel keine Lust haben, in ihren Geschichten Frauen, Queers und Dunkelhäutige als ausgebeutete Opfer zu inszenieren. Nur: So wird keine »Diversität« angestrebt, sondern eine gleichgeschaltete Opfer-Kultur, aus der Männlichkeit, Heterosexualität und Weißsein verbannt werden sollen.

In dieser Kultur gehören filmische Meisterwerke wie »Der Pate« oder »Breaking Bad« der Vergangenheit an. Auch den klassischen Dandy, wie er in Oscar Wildes »Dorian Gray« porträtiert wird, müsste man in die Tonne werfen. Klassiker der Weltliteratur wie »Lolita« und die grandiose Kubrik-Verfilmung – weg damit, denn hier wird Pädophilie verherrlicht. Auch Filme wie »Pretty Woman« oder »Fight Club« müssten von der Leinwand verbannt werden, denn hier werden Sexismus und toxische Männlichkeit reproduziert.

Die Social-Justice-Warriors sind so verbiestert, dass sie nicht mal mehr Satire verstehen. So versuchten sie unter dem Hashtag #WeAreNotYourJoke und #CancelBorat die Veröffentlichung der beiden Borat-Filme zu verhindern. Feministinnen warfen Sascha Baron Cohen vor, ein Sexist, Rassist und Antisemit zu sein. Sorry, aber das ist so dumm, dass es wehtut. Cohen, ein im Übrigen jüdischer Künstler, tut nicht mehr und nicht weniger, als den fremdenfeindlichen Idioten zu geben, der aus seinen Gesprächspartnern die von ihm angebotenen Dummheiten herauslockt und sie somit bloßstellt.[16] Kurz: Er ist das Gegenteil eines schlechten Menschen – aber das kapieren die sogenannten Feministinnen nicht.

Und die Aktivistinnen machen auch Ernst. So stand vor Jahren auf der Fassade der Alice-Salomon-Hochschule (ASH) in Berlin in riesigen Lettern ein Gedicht des Schweizer Lyrikers Eugen Gomringer. Es ist eine Kombination aus vier Wörtern: Avenidas, Flores, Mujeres, un Admirador. Auf deutsch: Alleen, Blumen, Frauen, ein Bewunderer.

Im Jahr 2016 beschloss der Senat der Hochschule, dass das Gedicht übermalt werden müsste. Der Grund: Einige Studentinnen fühlten sich von dem Gedicht verletzt. Das Gedicht produziere nicht nur eine »klassische patriarchale Kunsttradition, in der Frauen* die schönen Musen sind«. Es erinnere auch »unangenehm an sexuelle Belästigungen, der Frauen* alltäglich ausgesetzt sind«, schrieb der Asta der ASH 2016 in einer Stellungnahme.[17]

Nun muss nicht jede Frau das Stereotyp der »schönen Muse« und mit ihr die Objektivierung von Frauen toll finden. Fakt ist aber: Es gibt Frauen, die gerne von Männern bewundert und betrachtet werden. Nicht jede Frau hat ein solches Verhältnis zu ihrer Sexualität, dass sie allein einen männlichen Blick als Belästigung empfindet. Nicht jede Frau wünscht sich eine Gesellschaft, deren Sexualmoral an die Prüderie eines Klosters erinnert. Und nicht jede Frau findet es toll, dass man mit Hilfe der Frau-als-Opfer-Rolle einen Klassiker der modernen Lyrik verbietet.

Diese Diversität unter Frauen ist den Studentinnen der Hochschule aber egal. Motto: Wenn ich mich als Frau verletzt fühle, müssen sich auch alle anderen Frauen verletzt fühlen. Basta. Es ist einfach nur anmaßend, wie sich die Studentinnen hier als Anwälte aller Frauen aufspielen. Würde man ihrer kruden Logik folgen, müsste man auch Goethe, Schiller, Thomas Mann, Hitchcock, Tarantino und Netflix zensieren. Denn auch hier werden Frauen als Musen dargestellt, auch hier regiert eine »klassisch patriarchale Kunsttradition«.

Ich war neulich mit einer Freundin in der Berliner Gemäldegalerie und stand längere Zeit fasziniert vor »Amor als Sieger« von Michelangelo Merisi da Caravaggio. Das Gemälde sticht aus der gesamten Ausstellung heraus, weil es unfassbar obszön ist: Ein Amor sitzt breitbeinig auf einer Bettkante und hält triumphierend die Pfeile seines Bogens in der linken Hand. Er ist nackt. Einerseits wird hier ein frecher Junge mit einem kindlichen Gesicht dargestellt. Der Körper ähnelt aber dem eines erwachsenen Mannes, der seine Geschlechtsteile dem Betrachter förmlich ins Gesicht streckt. Kurz: Das Gemälde ist nicht nur pure (Homo)Erotik. Hier wird auch ein halbes Kind sexualisiert.

Als ich zu Hause war, informierte ich mich im Netz über das Gemälde. Und: surprise! Ein paar Aktivisten hatten tatsächlich schon versucht, den »Amor als Sieger« aus der Galerie zu verbannen. Deren Kritik: Die »ausdrücklich obszöne Szene« diene »zweifellos der Erregung des Betrachters«, hieß es in einem offe-

nen Brief. Und: Unter Berücksichtigung des Alters des »Modells«
sei der Amor »höchst verwerflich«.[18]

Was für eine Erkenntnis. Natürlich soll der Amor den Betrachter erregen. Natürlich ist das Gemälde unanständig. Aber das Problem ist nicht das Gemälde. Das Problem sind die Aktivisten, die Menschen vor obszönen und unanständigen Dingen beschützen wollen, weil sie fürchten, dass jeder Mensch sich möglicherweise in einen Pädophilen verwandelt, wenn er zu lange vor Caravaggios Meisterwerk steht.

Mich verstört an der Cancel Culture letztendlich Folgendes: Dass die Aktivisten ihren Mitmenschen den Verstand und somit die Fähigkeit absprechen, moralisch Schlechtes erkennen zu können. Daher müssen Machos wie James Bond abgeschafft werden, weil sonst alle Männer gefährdet sind, Frauen vergewaltigen zu wollen. Das erinnert an das Weltbild von Ultra-Konservativen, die Videospiele und Egoshooter verbieten wollen, weil sie glauben, dass die Kids dann tatsächlich irgendwann mit der Knarre in der Schule stehen.

Beide trauen dem Individuum Abstraktionsfähigkeit nicht zu: Kein Mann, der eine sexistische Darstellung sieht, wird deshalb Dinge tun, die ihm und anderen Schaden zufügen. Und keine Frau wird sich – nachdem sie etwa »Pretty Woman« geguckt hat – plötzlich in eine Prostituierte verwandeln, wenn sie das nicht will. Erwachsene sind keine Kinder, die man beschützen muss.

Menschen canceln

Aber auch Menschen mit falschen Ansichten müssen verschwinden. So wurde die Personalchefin Karen Parkin im Jahr 2020 aus dem Adidas-Vorstand gefeuert.[19] Sie war nicht nur seit einem Vierteljahrhundert Teil des Vorstands, sondern auch die einzige

Frau. Und warum wurde sie gefeuert? Weil sie gesagt hat, dass Rassismus in ihrer Firma kein großes Problem darstelle, woraufhin Aktivisten das Unternehmen so lange in der Öffentlichkeit als rassistisch diffamierten, bis Adidas sich von Karen Parkin trennte.

Doch nicht nur Frauen verlieren ihren Job, wenn sie nicht der Meinung der Social-Justice-Warriors sind, sondern vor allem Professoren und Dozenten. So forderten Studenten die Entlassung des Jura-Professors Tim Drygala, weil er auf Twitter folgenden – nicht wirklich guten – Witz gemacht hat: »In der Revisionsklausur müssten eigentlich die Frauen besser abschneiden. Sie sind geübt darin, anderer Leute Fehler zu finden.«[20]

Besonders übel geht es an der Humboldt Universität Berlin zu. Im Jahr 2015 haben dort anonyme Studenten einen Blog mit dem Namen »Münklerwatch« gegründet, um den Politikwissenschaftler Herfried Münkler persönlich anzugehen. Jede Woche setzten sich die Aktivisten in seine Vorlesung und schrieben fleißig mit. Allerdings nicht, um etwas zu lernen, sondern um die Sätze Münklers im Nachhinein so zu verdrehen, dass man sie als sexistisch oder »kolonialrassistisch« bewerten konnte. Münkler sei ein »brauner Professor«, liest man dort. Anderen Dozenten wurde Sexismus unterstellt, weil sie nicht genderten, oder Rassismus, weil sie in der Vorlesung das Wort »Neger« aussprachen und nicht das »N-Wort« verwendeten.[21]

In einer Pädagogik-Vorlesung musste im Jahr 2014 sogar die Polizei anrücken. Der Grund: Ein Erziehungswissenschaftler hatte seinen Studenten Texte von Kant zu lesen gegeben. Die seien aus einer »weißen Perspektive« geschrieben, behaupteten die Social-Justice-Aktivisten, also rassistisch. Die Polizei musste dann gerufen werden, weil Studenten durch Schreien und Klatschen den Professor davon abhielten, die letzte Sitzung vor der Klausur abzuhalten, berichtete die FAZ.

Solche Methoden trenden nicht nur unter Studenten. Vielmehr scheint der Aufruf zum Widerstand aus der einzigen Social-Justice-Disziplin zu kommen, die man an der HU vorfindet: den Gender Studies. Da lehrt etwa der Professor Lann Hornscheidt, der sich als »nicht-binär« bezeichnet und deswegen als »Profx« angesprochen werden will. Seinen Studenten schlägt er Internetseiten vor, auf denen Ratschläge für »Interventionen« gegen Sexismus und Rassismus gegeben werden. Da heißt es zum Beispiel: »Eine Idee sind Treffen«, um zu überlegen, wie man »kollektiv stören kann«, um »öffentliche Vorlesungen zu verhindern«. Andere Ideen sind: Seiten aus Büchern herausreißen oder Kaugummis auf Stühle von »sexistischen Mackertypen« kleben.

Anfeindungen erlebte auch der Totalitarismusforscher Jörg Baberowski. Weil er während der Flüchtlingskrise den Kurs der Bundesregierung kritisierte, fing eine Gruppe von Trotzkisten an der HU an, ihn im Netz als Rassisten und Rechtsextremisten zu diffamieren. Sie rissen Zitate von ihm aus dem Zusammenhang, um ihn dann als Hitler-Versteher zu denunzieren. Zudem druckten sie Flugblätter und Plakate, mit denen sie nicht nur den Campus der HU Berlin, sondern sämtliche Campi in Berlin tapezierten.

Doch damit nicht genug. Die Aktivisten stellten ihm nach, fotografierten ihn auf offener Straße, verfolgten ihn bis nach Hause, um dort die Fensterscheiben seiner Eingangstür zu zerschlagen.[22] Kollegen aus Israel oder den USA erzählten dem Professor, dass sie vermehrt Anrufe bekämen, in denen man ihn einen Rechtsextremisten nannte.[23] Die Agenda hier war klar: Die Person Jörg Baberowski sollte zerstört werden.

Ähnliches spielte sich vor ein paar Jahren in Berlin-Weißensee ab. Aktivisten wollten dort den Zahnarzt Marius Radtke aus dem Stadtteil vertreiben, indem sie in der Nachbarschaft »Warnungen« in der Form diffamierender Flugblätter verteilten. Der

Grund: Radtke war Mitglied der AfD. Die Geschichte endete mit einem Aufmarsch vor der Praxis des Arztes, wo Parolen wie »Marius Radtke raus aus Weißensee. Keinen Raum der AfD!« gebrüllt wurden. Ironischerweise nannte sich die Aktion »Weißensee ist bunt«, die mitunter von der Bundesregierung finanziert wurde.[24]

Solche Vorfälle häufen sich in letzter Zeit. An der Uni Hamburg etwa wurden im Jahr 2019 mehrmals die Vorlesungen des AfD-Gründers Bernd Lucke gesprengt. Der Dozent wurde als »Nazi-Schwein« beschimpft, niedergebrüllt, geschubst, mit Müll beworfen und konnte den Vorlesungssaal der Uni nur unter Polizeischutz verlassen. Dabei war Bernd Lucke zu dieser Zeit nicht einmal mehr aktives AfD-Mitglied. Im Gegenteil: Er war im Jahr 2015 aus der Partei ausgetreten, hatte rechtsextreme Tendenzen in der AfD kritisiert und eine Beobachtung vom Verfassungsschutz gefordert.

Es ist klar: So ein Verhalten ist nicht demokratisch. Wer aber befürwortete die Aktion von Hamburg? Zum Beispiel Robin Mesarosch, Mitarbeiter von Außenminister Heiko Maas. Er twitterte, dass die Studenten in Hamburg »die Ehre dieser Gesellschaft« gerettet hätten.[25] Und der Asta-Sprecher Karim Kuropka, der den Studentenprotest organisiert hatte, arbeitet für Ksenija Bekeris, stellvertretende Fraktionsvorsitzende der SPD in Hamburg. Mitglieder einer Partei also, die sich permanent gegen Gewalt, Ausgrenzung und »Hass und Hetze« ausspricht – solange sie den Richtigen treffen.

Ebenfalls in Hamburg versuchte eine Gruppe uniformierter Frauen, eine Lesung des Tagesspiegel-Kolumnisten Harald Martenstein zu sprengen. Die Veranstaltung fand in dem Lokal »Nochtspeicher« statt. Diskutieren wollten die Frauen mit dem Autor, dem sie Sexismus vorwarfen, nicht. Stattdessen gingen sie in den Raucherraum, rissen aus einer Gasflasche das Ventil heraus und drehten das Gas auf. Zum Glück konnte eine Explosion verhindert werden.[26]

Auf diesen Vorfall bezog sich der »Nochtspeicher« dann, als er sich weigerte, ein Literaturfestival in den eigenen Räumlichkeiten stattfinden zu lassen, wenn die Kabarettistin Lisa Eckhart dort auftreten würde. In ihrer damaligen Pressemitteilung erklärten die Hosts, dass sie von der Cancel Culture genervt seien und Angst vor weiteren Attacken hätten.[27] Denn sie hatten aus der Nachbarschaft Warnungen erhalten, dass sich erneut ein gewaltbereiter Mob formieren könnte.

Der Grund dafür: Eckhart geht als Kabarettistin sarkastisch mit dem linken Zeitgeist ins Gericht. Also formierte sich im Netz ein Shitstorm. Engagierte Kämpfer »gegen Rechts« unterstellten Eckhart Rechtsextremismus, Rassismus und Antisemitismus[28] und übten Druck auf die Festival-Veranstalter aus. Einige Teilnehmer des Festivals drohten sogar damit, nicht aufzutreten, wenn man die Österreicherin auf die Bühne ließe. Der Druck, der hier aufgebaut wurde, war erfolgreich: Eckhart wurde ausgeladen.

Krass war, wie der Vorfall dann in den Medien dargestellt wurde. So schwiegen vor allem linke Journalisten die Angst vor Gewalt, auf die der »Nochtspeicher« explizit verwiesen hatte, tot. Ja, sie behaupteten sogar, Eckhart habe sich freiwillig ausgeladen und der Begriff »Cancel Culture« sei nur eine Erfindung eines rechtskonservativen Mobs.

Ähnliches geschah mit dem Kabarettisten Dieter Nuhr. Er ist einer der wenigen Comedians im deutschen Fernsehen, der sich über linke Politik lustig macht. Nuhr witzelte etwa über den widersprüchlichen Aktivismus privilegierter Rich-Kids wie Luisa Neubauer, die mit Apple-Air-Pods in den Ohren die Abschaffung des Kapitalismus fordern. Doch da verstehen die Aktivisten keinen Spaß. So wurde Nuhr im Netz für seinen kleinen Seitenhieb auf die Bewegung wie ein Gotteslästerer durchs Dorf gejagt: Das sei keine Satire, sondern »platte Meinungsmache«, twitterte ein Mitglied von »Parents for Future« und löste damit einen Shitstorm aus. Nuhrs Witze seien zudem »geschmacklos«, stand in einigen Zeitungen.

Das kann man natürlich so bewerten. Es erstaunt aber, dass sich die Medien beim Thema politischer Geschmacklosigkeit nur äußerst selten über den Satiriker Jan Böhmermann empören, der auf Twitter gegen alles austeilt, was sich abseits der eigenen Meinung bewegt: »Heul mir die Ohren voll, dass deine Meinungsfreiheit bedroht ist und ich zeige dir meinen Block-Button, du Scheißfascho«[29], kann man bei Böhmermann etwa lesen.

Die Verbissenheit, mit der sich einzelne Journalisten an Dieter Nuhr abarbeiten, ist peinlich: So las man kürzlich in den Kieler Nachrichten, dass der Comedian bei einem Auftritt Greta Thunberg mit Hitler und Stalin verglichen habe. Die Meldung ging viral, ein Shitstorm folgte, obwohl die Aussage falsch war und sich das Blatt später bei Nuhr entschuldigte.[30] Auch Journalisten des Focus setzten sich in seine Show – um dann darüber zu berichten, dass zwei von 5000 Zuschauern nach 10 Minuten den Saal verließen.[31]

Die Doppelmoral ist in der deutschen Medienwelt schwer auszuhalten: Während die Witze von Böhmermann oder der Titanic ethisch oft unterirdisch sind – die Titanic wünscht etwa regelmäßig einzelnen Springer-Journalisten den Tod[32] –, reicht ein Seitenhieb gegen die Umweltbewegung, um Kabarettisten wie Nuhr auf breiter Front fertigzumachen. Sind Witze über Linke in Deutschland denn verboten?

2 + 2 = 5

Um in einer diskriminierungsfreien Gesellschaft zu leben, in der sich niemand verletzt fühlt, muss nicht nur die Männlichkeit, sondern auch die binäre Geschlechterordnung – also die Tatsache, dass es einen biologischen Unterschied zwischen Frauen und Männern gibt – abgeschafft werden. Das bedeutet: Auch der Weiblichkeit geht es an den Kragen.

Der Versuch, Weiblichkeit aus der Kultur zu canceln, zeigt sich zum Beispiel bei der Debatte um das Wort »Menstruierende«. Es sei moralisch nicht vertretbar, so hieß es seitens der queeren Bewegung, dass man bei dem Thema »Regelblutung« nur von Frauen spreche, weil sich sonst Männer, die sich zu Frauen umwandeln ließen, verletzt fühlen könnten. Deswegen solle man nur noch das Wort »Menstruierende« oder den englischen Ausdruck »people who menstruate« verwenden.

Die Harry-Potter-Erfinderin J. K. Rowling machte sich auf Twitter darüber lustig und warnte davor, in einen Feminismus abzudriften, der Frauen ihrer Weiblichkeit beraube. Danach wurde Rowling von der Community mit so viel Nachdruck als »transphob« beschimpft, dass sogar zwei Schauspieler der Harry-Potter-Verfilmung der Buchautorin indirekt Sexismus vorwarfen und sich von ihr distanzierten. Auf Twitter wünschte man Rowling sogar mit dem Hashtag »RIPRowling« den Tod, während auf Tik-Tok-Videos Trans-Aktivisten Harry-Potter-Bücher verbrannten.

Das alles wegen einer Aussage: »Nur Frauen können menstruieren«. Oder anders gesprochen: »Männer können nicht menstruieren«. Nicht nur J. K. Rowlings Karriere stand wegen dieser Aussage auf dem Spiel. Auch andere Menschen aus der internationalen Kultur- und Medienwelt wurden im Netz als moralische Scheusale diffamiert. Wie kann das sein? Was passiert da nur?

Die Antwort ist einfach: Es geht um die Demonstration von Macht – der fragwürdigen Macht, selbst Naturgesetze ausheben zu können.

Doch der Reihe nach

Vielleicht erinnern Sie sich, was ich am Anfang dieses Buches über den Ausdruck »sozial konstruiert« geschrieben habe. In der Logik der Social-Justice-Warriors sind alle Dinge, die wir der »weißen Norm« verdanken, »konstruiert«. Unser gesamtes Wissen ist also prinzipiell in Frage zu stellen, weil es von Weißen, Heterosexuellen und Männern »erfunden« wurde, die spezielle Machtinteressen verfolgten.

Nun gibt es Geschlechterforscher, die mit dieser These an biologischen Fakten zu rütteln versuchen. Judith Butler behauptet etwa, dass die biologische Einteilung in Mann und Frau nur ein Ergebnis der Herrschaft von Heterosexuellen sei. »Mann« und »Frau« gibt es also nicht deshalb, weil es biologisch signifikante Unterschiede zwischen Frauen und Männern gibt, sondern weil der weiße Mann sich diese Kategorien ausgedacht hat, um besser seine ausbeuterischen Interessen zu verfolgen.

Natürlich gibt es auf unserer Welt Menschen, die sich biologisch weder dem weiblichen noch dem männlichen Geschlecht zuordnen lassen. Die Zahl der sogenannten »Intersexuellen« beläuft sich weltweit jedoch nur auf 0,018 Prozent[33]. Die biologischen Kategorien »weiblich« (XX-Chromosomen, weibliche Sexualorgane und Hormone) und »männlich« (XY-Chromosomen, männliche Sexualorgane und Hormone) stellen 99,982 Prozent der Weltbevölkerung dar. Sie sind also real und nicht »sozial konstruiert«.

Und genau an dieser Stelle wechseln die Aktivisten in den Kampfmodus: Die Tatsache, dass 99,982 Prozent der Weltbevölkerung entweder eine Vagina oder einen Penis haben und dementsprechend menstruieren oder nicht menstruieren, wird mit einer äußerst effektiven Waffe attackiert: dem eigenen Schmerz.

Es ist verrückt: Wenn Fakten Menschen verletzen – wie etwa transsexuelle Männer, die gerne Frauen wären und darunter leiden, dass sie nicht menstruieren können –, dann gilt dieser Fakt nicht mehr.

Wie das konkret aussieht, wurde im Sommer 2020 auf Twitter deutlich. Dort schrieb ich, dass Transfrauen biologisch keine Frauen seien und biologische Tatsachen nicht transphob sein könnten. Die Antwort eines Users darauf beschreibt gut, wie nun diese Schmerz-Politik abläuft: »Was eine Frau ausmacht oder nicht, sollte nicht nur auf einen Punkt oder Sichtweise beschränkt sein«, schrieb er. »Wenn man Fakten so auf eine Sache reduziert, kann es sehr wohl transphob sein. Auch wenn du eine Person wie mich nicht als Frau ansiehst, darf ich dennoch die gleichen Privilegien genießen? Oder willst du ausgrenzen, dann ist es sehr wohl transphob.«[34]

Allein die biologische Tatsache, dass der Transmann, der sich hier beschwert, nicht menstruieren kann, lastet er mir als persönliche Anfeindung an und verweist auf »andere Sichtweisen«, nach der man eine biologische Frau definieren könne. Aber was für eine »andere Sichtweise« soll das sein? Es liegt auf der Hand: Die Sichtweise, dass es generell keine biologischen Geschlechter gibt!

Der Grund, wieso Aktivisten bei diesem Thema regelmäßig an die Decke gehen, ist der: Die Behauptung, dass unübersehbare biologische Unterschiede – wie Hautfarben oder Geschlecht – eigentlich nicht existieren, ist so offensichtlich absurd, dass sie umso vehementer verteidigt werden muss. Und das geschieht am effektivsten, wenn man auf den eigenen Schmerz verweist und jeden Kritiker der Menschenverachtung bezichtigt.

Wir befinden uns jetzt in den tiefsten Sphären der Absurdität. Aber es geht noch tiefer. Die Debatte, ob Männer nun menstruieren können oder nicht, wurde im angelsächsischen Netz von einer weiteren Diskussion begleitet: Kann die Aussage »2 + 2 = 5« wahr sein?

Ein sechsjähriges Kind ist in der Lage, diese Frage zu beantworten: Nein, natürlich nicht. Aber gucken wir uns ein paar Tweets von Menschen an, die da ganz anderer Meinung sind.[35]

Die Idee, dass 2 + 2 = 4 ist, sei »kulturell bedingt«, teilte die US-amerikanische Promotionsstudentin Brittany Marshall neulich auf Twitter mit. Denn die Arithmetik sei vom westlichen Kolonialismus beeinflusst, weswegen wir sie fälschlicherweise als »einzige Form des Wissens« anerkennen würden. In ihrem Twitter-Profil beschreibt sich die Studentin als »Lehrer, Forscher und Social Justice Change Agent«.[36] Ein US-amerikanischer Mathelehrer schrieb indes auf Twitter: »Die Mathematik ist nicht universell. Sie so zu behandeln, erhält die ›White Supremacy‹ aufrecht«. Danach verweist er auf ein Comic, in dem die Aussage »2 + 2 = 5« als wahr dargestellt wird. Der Forscher Michael J. Barany arbeitet an der University of Edinburgh und erklärt auf Twitter, dass die Aussage »1 + 1 = 2« ein »hegemonialer Diskurs« sei.[37]

Selbst Professoren[38] und anerkannte Redakteure der New York Times[39] behaupten, dass nicht nur die Mathematik, sondern auch die arabische Zahlschrift rassistisch seien, weil sie von einer »weißen westlichen Überlegenheit« beeinflusst und somit nicht mehr gültig sein können.

Fassen wir zusammen: »2 plus 2 macht 5« und »es gibt keine biologischen Geschlechter« sind in der Welt der Social-Justice-Warriors wahre Aussagen. Und jeder, der diesen Aussagen widerspricht, ist ein transphober Rassist.

Was hier passiert, ist eine Demonstration von Macht. Der Macht, eine Ideologie durchzusetzen, die nicht nur fundamental dem gesunden Menschenverstand, sondern auch den Gesetzen der Naturwissenschaften widerspricht. Das Ziel: Es soll im Ergebnis dieser Machtausübung eine neue Realität geschaffen werden, in der genau die Regeln, Gesetze und Hierarchien gelten, die man sich selbst ausgedacht hat.

Das ist fatal: Denn in einer Welt, in der alles »sozial konstruiert« ist, wird der subjektive Schmerz zur einzigen Konstante, die objektiv »wahr« sein kann. Nur das, was »den Anderen« wehtut, ist real. Alles andere existiert nicht. Aber es gibt keinen objektiven Maßstab für das eigene Leid. Der Schmerz ist immer subjektiv, variabel – und somit stets veränderbar. Und so kann man auch alle störenden Fakten nach Belieben aus der Realität entfernen.

Von Spätz*innen und Gäst*innen

Wir haben in den letzten Abschnitten gesehen, wie man den weißen Mann aus der Politik, den Medien und der Kultur herauscancelt. Die größte Ursache für die Ausübung von Macht in der Gesellschaft liegt gemäß der postmodernen Theorien jedoch in den »Diskursen«, also in der Art und Weise, wie wir über Dinge sprechen. Aus diesem Grund versuchen die Social-Justice-Aktivisten vor allem eines zu kontrollieren: die Sprache.

Dabei orientieren sie sich an den Theorien der Poststrukturalisten, an Philosophen wie Jacques Derrida und Roland Barthes. Ihr Credo: Die Sprache ist so sehr von den Machtverhältnissen der vergangenen Jahrhunderte beeinflusst, dass sie das Denken der Menschen absolut beherrscht. Derrida behauptete, dass in der Sprache binäre Kategorien herrschen wie männlich-weiblich, innen-außen, Körper-Geist oder Ordnung-Chaos. Diese Kategorien stehen in einem Machtverhältnis zueinander, und zwar so, dass zum Beispiel das Männliche das Weibliche unterdrückt.

Das Ziel der genannten Theoretiker war es, durch »Dekonstruktion« die sprachlichen Fesseln für den Verstand zu zerstören, was vor allem in der Kunst vorangetrieben wurde: Elfriede Jelinek stellte etwa in ihren Texten die patriarchale Prägung der Sprache zu Schau. Dafür knöpfte sie sich antiquierte Sprichwörter, Volkslieder und Märchen vor, die sie durch Sprachspiele in einen neuen Kontext bettete, entstellte und so krass parodierte, dass sich die Gewalt, die sich etwa hinter vielen Sprichwörtern verbirgt, dem Leser unweigerlich offenbarte.

Die Ansicht, dass wir alle Knechte einer patriarchalen Sprache sind und gar nicht anders *können*, als Menschen auszubeuten, solange wir nicht die Sprache ändern, ist dennoch eine sehr gewagte Behauptung. Ja, die Annahme, dass sich durch das Gendern der Sprache – also das Sichtbarmachen oder Auslöschen bestimmter Geschlechter aus dem Sprachgebrauch – die politische Wirklichkeit verändern lässt, hat keinerlei empirische Grundlage.

Mit den Sprachregelungen, die von den Social-Justice-Aktivisten vorangetrieben werden, geht aber ein noch viel fragwürdigeres Weltbild einher: Der Glaube an die sprachliche Herrschaft des weißen Mannes, die das binäre Prinzip in der deutschen Sprache und die geringere Repräsentation des Weiblichen zu verantworten hat. Um diese sprachliche Herrschaft zu zerstören, müssen also vor allem zwei Dinge aus der Sprache verbannt werden: die Geschlechterbinarität (die Unterscheidung zwischen Frauen und Männern) und – vor allem – Männlichkeit.

Die ideologische Schlagseite, die mit dem Sprachaktivismus einhergeht, ist – wenn man sich die entsprechenden Regelungen ansieht – eindeutig. Und dennoch wird das Gendern der Sprache von Politik und Medien als innovativ angesehen. Immer mehr Mitarbeiter in Ämtern, Redaktionen und Kultureinrichtungen werden derzeit von ihren Vorgesetzten aufgefordert, neue Regelungen in ihren Sprachgebrauch aufzunehmen, weil man dadurch sicher in eine gerechte Welt steuert.

So verweist die Stadt Lübeck in ihrem »Leitfaden für gendersensible Sprache« darauf, dass man Anredeform wie »sehr geehrte Damen und Herren« oder »sehr geehrter Herr« oder »sehr geehrte Frau« bei Begrüßungen und im Schriftverkehr vermeiden sollte. Jeder Verweis auf das Geschlecht soll – wie eine Krankheit – gemieden werden. So wird »Der/die Betroffene« zur »betroffenen

Person«, »der/die Antragstellerin« zu »der antragstellenden Person«, die »Studentin« zu »Studierende« und die »Lehrerin« zu »Lehrende«[1].

Für mich ist klar, was hier passiert: Zuschauer, Hörer, Leser und überhaupt jeder Bürger sollen mit einer neuen Sprache politisch auf Kurs gebracht werden. Und aus diesem Vorhaben wird auch kein Geheimnis gemacht. Sprache »konstruiere« Wirklichkeit, rufe Assoziationen hervor und erzeuge »Bilder im Kopf«[2], was sich auf das Weltbild der Hörer auswirke, rechtfertigte der DLF etwa seine neuen Sprach-Leitlinien. Das Land Berlin gibt in seinem aktuellen Sprach-Leitfaden sogar zu, dass es darum gehe, mit der Sprache »Meinungen zu lenken und Handlungen zu beeinflussen«[3].

Der größte Feind der Sprachaktivisten ist jedoch das generische Maskulinum. Unbedingt muss es abgeschafft werden, so erfährt man etwa in der neuen Sprachempfehlung der Stadt Frankfurt,[4] weil es Frauen und sexuelle Minderheiten aus der Sprache ausschließe. Das generische Maskulinum würde nur »mitmeinen«, aber nicht eindeutig benennen und somit »verschleiern« und »verwirren«, heißt es. Wenn zum Beispiel von »Frankfurtern, die eine gute Rente beziehen« die Rede sei, dann seien damit nur die männlichen Frankfurter gemeint.

Das ist Bullshit. Fakt ist: Wir haben eine deutsche Grammatik. Diese Grammatik hat spezielle Regeln, die jeder Mensch, der einigermaßen gut deutsch sprechen kann, auch intuitiv versteht. Wenn von »den Frankfurtern, die eine Rente beziehen«, »den Hörern des Deutschlandfunks« oder »den Terroristen in Somalia« die Rede ist, weiß jeder – ich wiederhole: *jeder* –, was damit gemeint ist: Frankfurter, Hörer oder Terroristen, ganz unabhängig von ihrem Geschlecht.

Das generische Maskulinum ist nämlich ein Generikum. Und die Funktion eines Generikums besteht darin, dass es absichtlich *nicht* auf das Geschlecht einer lebenden Entität verweist. Maskuline Generika sind etwa »der Mensch«, »der Fan« oder »der Säugling«. Feminine Generika sind »die Person«, »die Leiche« oder »die Geisel«.[5] Jeder Mensch spürt, fühlt und weiß also, was generische Maskulina wie »der Frankfurter«, »der Terrorist« und »der Hörer« in einem gewissen Kontext bedeuten: Sie bezeichnen eine Gruppe von Personen, bei denen das Geschlecht keine Rolle spielt.

Die Behauptung, dass das generische Maskulinum Frauen oder sexuelle Minderheiten »nicht mitmeine« oder ausschließe, ist also Blödsinn. Ein Generikum kann prinzipiell kein Geschlecht ausschließen oder mitmeinen.

Es ist der Sexus, der das Geschlecht eines Lebewesens dann spezifisch festlegt. Und auch der Unterschied zwischen Generikum und Sexus ist jedem normalen Menschen klar. Bei dem Satz »Kommst du mit zum Bäcker« handelt es sich um ein Generikum, während in den Sätzen »Unser Bäcker flirtet gern mit älteren Damen«[6] und »Die Bäckerin hat ein Problem mit dem Gender-Sternchen« ganz klar ein Sexus, also ein Mann und eine Frau, beschrieben wird.

Aber die Grammatik interessiert die Sprachaktivisten nicht wirklich. Sie behaupten einfach tapfer weiter, dass das generische Maskulinum nur Männer anspreche.

Das geschieht mit einem kruden »Beweis«: Bei dem Wort »Arzt« oder »Lehrer« denke man etwa automatisch an einen Mann. Dadurch gebe es dann eine »Überrepräsentation des Männlichen«[7] in der Sprache, so hieß es neulich im DLF, weshalb sich Frauen von dieser männlichen Dominanz eingeschüchtert fühlten. Ergo: Der Grund, wieso Frauen seltener im Bundestag, in Führungspositionen oder in gewissen Berufsbranchen vertreten sind, liegt an »zu viel Männlichkeit« im Kopf. Also gibt es nur eine Lösung: Man muss den Mann aus der Sprache canceln!

Noch einmal: Wissenschaftliche Studien, die belegen, dass man durch die Veränderung der Sprache auch das Handeln der Menschen beeinflussen könne, gibt es nicht. Wenn diese Kausalität wahr wäre, müsste in Ländern mit genuslosen Sprachen wie der Türkei und Ungarn[8] bereits ein queeres Matriarchat herrschen. Das ist nicht der Fall.

Fakt dagegen ist: In den letzten 70 Jahren haben sich Frauen und Queers in den westlichen Ländern in rasantem Tempo aus den Fesseln des Patriarchats befreit. Sie haben sich das Recht auf finanzielle Unabhängigkeit erkämpft, sich aus der juristischen Knechtschaft der Ehe befreit, ihr Recht auf Selbstbestimmung über den eigenen Körper durchgesetzt und den Paragrafen 175 abgeschafft. Im Jahr 2020 sind die drei mächtigsten Personen in Europa – Angela Merkel, Ursula von der Leyen und Christine Lagarde – Frauen. Und die schwedische Regierung nennt sich »die erste feministische Regierung der Welt«. All diese Fortschritte haben sich Frauen *mit* dem generischen Maskulinum und *ohne* Gendersternchen, Unterstriche oder Doppelpunkte erkämpft.

Feministinnen mögen sich verletzt, unterdrückt und ausgebeutet fühlen, wenn sie das Wort »Arzt« oder »Lehrer« hören. Tatsache ist aber: 73 Prozent der Lehrer sind weiblich.[9] Im Jahr 2017 waren 48 Prozent der angestellten Ärzte Frauen.[10] Im Jahr 2000 waren es nur 26 Prozent gewesen. Frauen holen sich immer selbstbewusster das, was sie wollen, und die Sprache wird sie von diesem Vorhaben nicht abhalten. Frauen sind keine Idiot*innen.

Aber Hass auf eine Gruppe zu schüren und sie für alles Leid auf der Welt verantwortlich zu machen, fühlt sich besser an, als sich mit der Realität zu beschäftigen. Also muss nicht nur das generische Maskulinum, sondern auch alle Ausdrücke, Assoziationen, Bilder oder Metaphern, die an Männlichkeit erinnern, verschwinden.

So verbietet die Stadt Lübeck Ausdrücke wie »Not am Mann« oder »Mannschaft« und warnt davor, Bilder zu verwenden, die auf ein Geschlecht hinweisen könnten. An der Silbe »er« scheint die Pest zu kleben, denn auch Wörter wie »Rednerpult« und »Teilnehmerliste« sind in Lübeck jetzt untersagt. Ähnliches liest man bei den Leitlinien des DLF und denen der Stadt Hannover.

Sogar Pronomen wie »man«, »jeder/jede« und »keiner« sollen vermieden und durch »alle/jemand« oder »niemand« ersetzt werden. Denn: Vor allem bei Pronomen schleiche sich oft die männliche Form ein, heißt es im Lübecker Leitfaden. Das ist witzig. Denn »jemand« und »niemand« sind auch Pronomen mit maskulinem Genus, was grammatikalisch falsche Sätze wie »Hier ist niemand, die sich auskennt« zeigen.[11]

Diejenigen, die hier ihre Verwaltungsmitarbeiter und Kollegen sprachlich belehren, sind in Sachen Grammatik selbst ahnungslos. So liest man in den Leitfäden von Lübeck und Hannover, dass man Institutionen, die einen weiblichen Genus besitzen, »grammatikalisch korrekt behandeln« solle. »Die Kirche als Arbeitgeber« sei falsch. Richtig sei indes: »Die Kirche als Arbeitgeberin«. Das ist doppelt witzig. Denn, wie oben erwähnt, haben weder Gegenstände noch Wörter einen Sexus. Die Kirche ist ein weibliches Generikum. Der Satz »Die Kirche als Arbeitgeberin« ist grammatikalisch daher falsch.[12]

Der Wille, nicht zu viel Männlichkeit heraufzubeschwören, wird hier so verbissen verfolgt, dass Menschen auch andere Dinge sagen sollen, als sie eigentlich meinen. Das zeigt sich an der Verwendung von Partizipial- und Pluralformen, die man nach Meinung des DLF und der Städte Lübeck und Hannover anstelle des generischen Maskulinums verwenden sollte. So soll man »Studierende« anstatt »Student:innen« oder »Lernende« anstatt »Schüler:innen« sagen. Diese Wörter bedeuten aber nicht das

Gleiche. Das Partizip ist eine Verbform und bezeichnet somit eine Tätigkeit. Das Wort »Studierende« beschreibt also Menschen, die gerade in diesem Moment studieren. Ein Mensch, der gerade etwas lernt, ist nicht das Gleiche wie die Definition des Status, mit dem man einen Schüler beschreibt.

Verstört liest man dann den letzten Punkt des Lübecker Leitfadens mit dem Namen: »Zu guter Letzt: Wenn Frau von sich redet«. Dort heißt es: »Oft hört man im Alltag, dass Frauen von sich in der männlichen Form reden. Doch um zur eigenen Weiblichkeit zu stehen, muss nur auf Kleinigkeiten geachtet werden«. Es folgt eine Liste mit Begriffen, mit denen Frauen sich selbst bezeichnen sollen. Sie sollen nicht »Ich bin jemand, der«, sondern »ich bin eine, die« und nicht »ich bin ein Typ, der«, sondern »vom Typ her gehöre ich« sagen. Das ist so anmaßend und paternalistisch, dass ich es als Frau kaum aushalte.

Gesetze nur für Frauen

Wohin dies alles führen kann, bewies 2020 das Bundesjustizministerium, das einen Gesetzesentwurf zum Sanierungs- und Insolvenzrecht vorlegte. Das Besondere daran: Der Entwurf wurde im generischen Femininum verfasst. Anstatt etwa »Geschäftsführer« und »Verbraucher« wurde hier ausschließlich von »Geschäftsführerin« und »Verbraucherin« geredet. Die Justizministerin hat hier also einen Gesetzentwurf vorgelegt, der nur für Frauen gilt. Aus genau diesem Grund hat das Bundesinnenministerium diesen Gesetzesentwurf dann auch wieder gestoppt.[13]

Darauf regte sich Kritik in den Medien. Der Irrglaube, dass das generische Maskulinum Frauen »nicht mitmeine« und das von alten weißen Männern geführte Innenministerium mit der Verteidigung der deutschen Grammatik eine transphobe, altmodische und sexistische Sprache verteidige, sprang einem auf allen Kanälen entgegen.

Tatsache ist aber doch: Grammatische Regeln können nicht einfach so außer Kraft gesetzt werden. Wenn, dann müsste die gesamte deutsche Sprache reformiert werden, was man nur mit einer bundesweiten Reform erreichen könnte. Das wiederum wäre – angesichts der Tatsache, dass die Gender-Sprache die komplette Auslöschung von Geschlecht und Männlichkeit fordert – ein zutiefst totalitäres Vorhaben.

Noch abstruser erscheint das alles, wenn man sich vor Augen führt, was die Bevölkerung von der geschlechtergerechten Sprache hält. So zeigte eine repräsentative Umfrage des Marktforschungsinstituts INSA, dass 75,3 Prozent der Bürger gesetzliche Vorschriften zur Sprachneutralisierung ablehnen. Neun von zehn Befragten verwenden privat keine genderneutrale Sprache, 74,6 Prozent auch beruflich nicht und mehr als 60 Prozent der Bundesbürger bewerten das Gendern als »sehr unwichtig«, während mehr als die Hälfte Vorschriften durch Behörden oder Arbeitgeber als störend empfindet.[14]

Vergleichbares stellte eine Umfrage fest, die 2020 von der Welt am Sonntag in Auftrag gegeben wurde. Nur ein gutes Drittel der Befragten ist ganz oder eher dafür, dass Redaktionen, Verlage und Politiker ihre Texte mit Binnen-Is, Gendersternchen oder Unterstrich versehen sollen. 56 Prozent haben nicht die geringste Lust darauf. Selbst Frauen wenden sich mehrheitlich gegen eine geschlechtergerechte Sprache (52 Prozent), heißt es in der Welt.[15] Das Gendern der Sprache wendet sich also gegen den Willen der Mehrheit der Bevölkerung und ist damit im Kern demokratisch nicht legitimiert.

Ich lege Schere in Schublade

Häufig behaupten die Aktivisten, dass sich Sprache schon immer verändert hat und das Gendersternchen einen Trend anzeigt. Das Gendern der Sprache mag sicherlich ein Trend sein. Aber ein natürlicher Sprachwandel sieht anders aus. Den kann man etwa in der Jugendsprache beobachten, die in den letzten Jahren mitunter durch eingewanderte Türken und Araber geprägt wurde. Wörter wie »Yallah«, »Whalla«, »Lan«, »Alter«, »Brudi«, »Tschüsch«, »Habibi«, »Heide« (eigentlich Hadi) oder »Ich küsse deine Augen«, eine etwas gebrochene Aussprache und das Weglassen von Artikeln bei Sätzen wie »Kommst du Späti« trenden gerade in der Jugendsprache. Warum? Weil die Kids – egal welcher Nationalität, Hautfarbe und Herkunft – den Slang cool finden. Er ist wie ein Code, mit dem man die Zugehörigkeit zur eigenen Peergroup feiert. Einem Milieu also, das sich eher an der Street Credibility von Gangstern orientiert als an dem steifen Gehabe der wohlhabenden Bildungselite.

Sprache ist fließend. Sie verändert sich laufend und Trends setzen sich durch, weil Menschen neue Ausdrücke schön oder interessant finden oder weil sie etwas Bestimmtes ausdrücken, was es davor nicht gab.

Die gendergerechte Sprache dagegen hat nichts mit natürlichem Sprachwandel zu tun. Denn beim Gendern handelt es sich nicht um harmlose Ausdrücke, die neu auftreten, sondern um eine politische Agenda, die – wenn möglich – von oben durchgesetzt werden soll, um moralisch zu erziehen. Und das wird auch ganz offen kommuniziert: »Geschlechtergerechte Sprache hat viel mit einer inneren Haltung zu tun«, liest man etwa in den Leitlinien der Stadt Hannover. Ja, es gehe darum, mit einer anderen Sprache spezielle »Werte unserer Gesellschaft« zu vertreten.

Im Klartext heißt das: Wer sich an die Agenda der Sprachaktivisten hält, steht für soziale Gerechtigkeit und ist somit ein guter Mensch. Wer sich nicht daran hält, kann nur ein Unmensch sein, der sich gegen die offene Gesellschaft stellt. Immer wieder wird behauptet, dass man ja niemanden zwinge, die neuen Sprachleitlinien zu nutzen. Das ist nach wie vor richtig. Dafür werden Menschen aber moralisch unter Druck gesetzt.

»innen! innen! innen!«

Beim Gendern geht es vor allem um eines: sich selbst als den besseren Menschen zu inszenieren. In diesem Punkt unterscheiden sich die Sprachaktivisten tatsächlich nicht von den Kids, die sich von den piefigen Eltern abgrenzen, indem sie »Brudi«, »Yallah« und »ich lege Schere in Schublade« sagen. Ja, auch Social-Justice-Aktivisten grenzen sich durch spezielle Codes von der Mehrheit ab und feiern die Zugehörigkeit zur eigenen Peer-Group. Die besteht aber nicht aus Rappern, die im AMG vorfahren, sondern aus einer akademischen Elite, die glaubt, die gesamte Welt retten zu können, indem man mit falscher Grammatik um sich wirft.

Das Gendern der Sprache ist ein Trend der Intellektuellen, die ihrem Umfeld damit nicht nur zeigen, dass sie die komplizierten Theorie-Trends aus den USA verstanden haben. Sie stellen damit auch die »richtige« Gesinnung aus – was mitunter so weit geht, dass Menschen anfangen, das Sternchen zu sprechen. Das hört sich dann wie ein Schluckauf an. Plötzlich geht es nicht mehr um Aktivisten, sondern um Aktivist (Pause) innen, Berliner (Pause) innen oder Demonstrant (Pause) innen. Damit es klar ist: Wir sind korrekt!

Die Dogmatik, mit der das Gendern mündlich betrieben wird, hat etwas Ultrareligiöses. So unterbrechen Aktivisten nicht nur permanent ihren Redefluss, sie korrigieren sich auch häufig ent-schuldigend, wenn ihnen doch mal die männliche Form heraus-rutscht. Als ob der Social-Justice-Gott permanent über sie wa-chen und jeden Gedanken an Männlichkeit mit dem Fegefeuer bestrafen würde.

Der Wille zur besseren Moral führt zu amüsanten Verirrungen. Bei Anne Will sprach neulich die Grünen-Politikerin Annalena Baerbock vom Bund der Steuer*innenzahler, Anne Will selbst von Mitglieder*innen, während Katrin Göring-Eckardt auf Twitter von Spatz*innen und Jürgen Trittin von Delegiert*innen redet. Jüngst bekam ich eine Mail mit dem Wort Gäst*innen.

Das Nachrichtenformat ZDFheute postete auf Instagram ein Sharepic, in dem das Wort Polen zu »Pol*innen« gegendert wurde. Und die Katholische Studierende Jugend verkündete, Gott* jetzt mit Sternchen zu schreiben, um sich für ein neues Got-tesbild stark zu machen. Man wolle »weg von dem strafenden, alten weißen Mann mit Bart hin zu einer Gottes*Vielfalt«, hieß es von den Studenten.

Eine Moderatorin erzählte dagegen neulich im DLF, dass es nur richtig sei, wenn man Wörter wie Terrorist und Verschwö-rungstheoretiker[16] nicht gendere. Denn: Diese Gruppen bestän-den hauptsächlich aus Männern und man wolle das Geschlecht »gerecht abbilden«. Dabei zeigt sich, um was es beim Gendern der Sprache wirklich geht: Personen, die für Gewalt, Tod und Terror verantwortlich sind, sollen mit dem Genus benannt werden, das man eigentlich als »haram« verteufelte und aus der Sprache tilgen wollte. Das Sternchen übernimmt so eine ganz neue Funktion: Ist es vorhanden, markiert es die Dinge, die moralisch gut sind. Ist es nicht vorhanden, sind die Dinge per se schlecht.

Ironischerweise brachte der DLF daraufhin einen Beitrag, in de-nen die Wörter Bürger*innen, Erb*innen und Demonstrant*innen vorkamen. Die Wörter Rassisten, Kolonialisten, Sklavenhändler und Afrikaner wurden nicht gegendert.[17] Hat sich hier der DLF nur geirrt – oder wollte er tatsächlich Afrikaner abwerten?

Wie dogmatisch die Social-Justice-Ideologie auch in anderen Redaktionen verfolgt wird, wurde in letzter Zeit auf den Social Media Kanälen einiger Fernsehsender deutlich. So versah ZDFheute die Untertitel eines Instagram-Videos über eine Trump-Anhängerin mit einem Gender-Sternchen: »Die Amerikaner*innen lieben es, …« las man dort, obwohl das Englische in diesem Fall kein Genus kennt. Das Gleiche machte der Sender bei einem Original-Ton von Donald Trump, der, selbst, wenn er Deutsch spräche, sicher nicht auf die Idee käme, von »den Amerikaner*innen« zu reden.

Dreist verhielt sich die Kulturzeit von 3Sat. Der Sender produzierte ein Instagram-Video, in dem eine Interviewpartnerin hörbar von »jungen Lesern«, »vielen Designern« und »Millionen Followern« sprach. Der Sender untertitelte das jedoch mit »Leser*innen«, »Designer*innen« und »Follower*innen«. Der Wille, die Welt zu verbessern, geht hier so weit, dass Redaktionen anfangen, in O-Töne hineinzupfuschen.

Virtue Signalling

Nach den US-Wahlen im Jahr 2020 wurde die Demokratin Kamala Harris gefeiert, weil sie als erste nicht weiße Frau das Amt des Vizepräsidenten bekleiden würde. Viele freuten sich auch darüber, dass die Politikerin den Zusatz »she/her« in ihr Twitter-Profil geschrieben hatte, damit jeder weiß, dass sie als Frau und nicht als Mann (»he/him«) oder Transsexueller (»they/them«) angesprochen werden will.

Nun weiß und sieht jeder, dass Kamala Harris eine Frau ist. Aber das nochmalige Ausstellen von »she/her« hat hier die gleiche Funktion wie das Gender-Sternchen: Man zeigt der Welt, dass man zu »den Guten« gehört, die sich für die Rechte von Frauen und Transsexuellen stark machen. Und gleichzeitig bedeutet das: Jeder, der das Sternchen ablehnt oder es unsinnig findet, Menschen danach zu fragen, mit welchem Pronomen sie angesprochen werden wollen, ist ein Gegner der Idee, dass man für die Rechte von Frauen und sexuellen Minderheiten kämpfen muss.

Die Social-Justice-Bewegung hat mit ihrem Populismus die Moral komplett für sich gepachtet: Nur, wer gemeinsam mit Feministinnen »The Future is female!« ruft, Sternchen setzt, seine Pronomen ausstellt und die Faust zum solidarischen »Black-Lives-Matter«-Gruß in die Höhe streckt, ist auch ein guter Mensch. Jeder, der die Bewegungen und deren Maßnahmen kritisiert ist indes ein schlechter Mensch, ein Nazi oder »rechts«. Damit wird aber nur eines erreicht: die Spaltung der Gesellschaft.

Schäm dich!

»Alle Weißen sind Rassisten.« Diese an sich unhaltbare Aussage wird gerade als progressive Erkenntnis gefeiert.

So propagierte Zeit Online in den Sozialen Medien mehrmals ein Interview mit der amerikanischen Antirassismus-Aktivistin DiAngelo. Der Frau also, die behauptet, dass der Schock des Kolonialismus »im Nervensystem« von Schwarzen verankert sei. »Wenn Sie weiß sind und denken, dass Sie sich nicht rassistisch verhalten, sollten Sie dieses Interview lesen«[1], postete die Zeitung mit missionarischem Eifer. Wie kann das sein?

Weil es schwierig ist, jemanden einfach so als Menschenfeind hinzustellen, werfen die Aktivisten gerne mit Begriffen um sich, die sehr intelligent und akademisch klingen, aber keine wissenschaftliche Substanz haben. Damit will man der Ideologie eine wissenschaftliche Autorität verleihen, um den Normalbürger bei Widerspruch besser einschüchtern zu können.

Nehmen wir etwa den Begriff »White Fragility«, also »Weiße Fragilität«. Ein Begriff, der gerade als eine der neusten Erkenntnisse in der Antirassismus-»Forschung« gehandelt wird. Tenor: Weiße würden ihren Rassismus häufig nicht einsehen wollen, weil sie sonst der Wahrheit ins Auge blicken müssten, sich ihr ganzes Leben lang rassistisch verhalten zu haben. Heftige Emotionen wie Wut, Schmerz, Scham, Schuld und Empörung sind also eine übliche Reaktion von Weißen, die als Beweis dafür gelten, dass sie tatsächlich von der rassistischen Matrix gesteuert werden.

Der Social-Justice-Kritiker James Lindsay brachte diese Logik mit einem Beispiel[2] gut auf den Punkt: Stellen Sie sich vor, Sie arbeiten als Verkäufer in einem Laden, etwa in einem Kleidungsgeschäft. Es kommen getrennt zwei Personen in den Laden, die eine ist schwarz, die andere weiß. Wen bedienen Sie zuerst? Etwa die schwarze Person? Dann sind Sie ein Rassist. Denn damit leben Sie Ihr Ressentiment gegen Schwarze aus, das Ihnen sagt, dass Schwarze Kriminelle sind, die man nicht unbeaufsichtigt alleine lassen kann, weil sie etwas klauen könnten. Wenn Sie die weiße Person zuerst bedienen, sind Sie ebenfalls ein Rassist. Denn dann geben Sie nur vor, dass Ihnen Hautfarben egal sind, und verstecken damit Ihren unbewussten Rassismus.

Das bedeutet: Egal, wie sich ein Weißer gegenüber Schwarzen oder dem Vorwurf des Rassismus verhält – sein Verhalten offenbart *immer* den eigenen Rassismus.

DiAngelo hat ein ganzes Buch über diese »Wissenschaft« der »Weißen Fragilität« geschrieben. Und es ist verrückt, was die Autorin hier als »weiße Zerbrechlichkeit« definiert: Aussagen wie »Ich beurteile Menschen nach dem, was sie tun, nicht danach, wer sie sind«[3] oder »Ich sehe nicht die Hautfarbe, ich sehe den Menschen«[4] oder »Ich fühle mich an meinem Arbeitsplatz akzeptiert, also muss es dir ebenso gehen«[5] werden von ihr als typisch »weiße« Abwehrreaktion, also als Zeichen von Rassismus abgestempelt.

Mit ihren haarsträubenden Thesen ist DiAngelo nicht allein. Nicht nur Alice Hasters und Tupoka Ogette beziehen sich auf DiAngelos Konzept, auch in der deutschen Medienwelt ist dieser Ansatz beliebt. So regte sich die Feministin Sophie Passmann während der BLM-Proteste darüber auf, dass Weiße sich weigerten, Menschen nach ihrer Hautfarbe zu beurteilen. Die Aussage »Ich sehe keine Hautfarben, ich sehe nur Menschen« sei der »größte Feelgood-Scheiß, den der Linksliberalismus je hervorgebracht hat«[6], schrieb sie. Ein anderer feministischer User teilte auf Twitter dann ein Sharepic, auf dem die Aussage »Ich sehe keine Farben« ein »weißes Privileg« genannt wurde. Auch der Bayerische Rundfunk[7], der Tagesspiegel[8], das Handelsblatt[9], Deutschlandfunk Kultur[10], der Hessischen Rundfunk[11] und die Welt[12] lobten DiAngelos Ansatz als eine progressive Methode.

Es ist absurd: Weißen, die sich aktiv gegen Rassismus stellen und darauf beharren, Menschen nicht nach ihrer Hautfarbe behandeln zu wollen, wird hier eingeredet, Rassisten zu sein. Kann es denn angehen, dass Menschen unter der Androhung von Rassismus dazu gezwungen werden, wieder in Hautfarben zu denken?

Staatlich geförderter Rassismus

Ja, das geht – und zwar nicht nur in den Medien, sondern auch mit staatlicher Unterstützung. Ich verweise auf das digitale Format »SayMyName«, das von der Bundeszentrale für politische Bildung (BPB) entworfen wurde. Unter der Rubrik »Good to know«, werden hier User auf Instagram dahingehend »gebildet«, dass sie das Denken in Hautfarben wieder erlernen. Die Aussagen werden dann auch in Sharepics verpackt, die sich rasant im Netz verbreiten.

Und auch hier wird »Colorblindness« als Rassismus verteufelt. Wenn Menschen sagen, dass sie andere nicht nach ihrer Hautfarbe beurteilten, dann sei das »ein Argument von Weißen«, die nur ihren Rassismus leugneten. Mit der Aussage »Für mich gibt es keine Unterschiede. Wir sind doch alle Menschen« würden Weiße zudem »den strukturellen Rassismus« in der Gesellschaft ignorieren und »Betroffene verletzen«[13].

Denn: Weiße hätten, so erfährt man, »eine bestimmte Sicht auf die Welt« und würden wegen ihrer Hautfarbe »ökonomische, politische, soziale und kulturelle Vorteile« genießen. Die Lösung: Sie sollen »ihre Stellung in der Gesellschaft kritisch in Frage« stellen.[14] Und so werden Weiße immer wieder aufgefordert, die eigenen Privilegien zu checken, also: »Checkt eure Privilegien – man kann es nicht oft genug sagen, oder?«[15]

Und auch hier wird wieder DiAngelos Ansatz der »White Fragility« als Erkenntnis bejubelt. Weiße seien es »nicht gewohnt«, auf ihre Hautfarbe reduziert zu werden, was aber nötig sei, um Rassismus zu bekämpfen. »Doch gerade weiße Menschen sollten versuchen, zuzuhören und dem Impuls zum Widerspruch nicht nachgeben. Haltet es aus, denkt darüber nach und bildet euch weiter«, lautet die Instruktion.[16]

Das ist übrigens ein Totschlagargument der Social-Justice-Warriors, das man in Artikeln und Diskussionen immer wieder hört: »Informier dich!«. Auch hier wird die Social-Justice-Theorie als *die eine* Wahrheit verstanden, die man sich durch den »richtigen« Input aneignen muss, um sich »gut« zu verhalten.[17]

Der BPB scheint diese hochnäsige Attitüde zu imponieren. Denn auf »SayMyName« stößt man sogar auf Leitlinien für Weiße, wie sie ein besserer »Ally«, also ein Verbündeter im Kampf gegen Rassismus, werden können. Und das im Ton eines Offiziers, der seine Soldaten anbellt. So heißt es: Regel Nummer 1: »Kenne dein Privileg!«, dazu wird das Bild eines Weißen gezeigt, der traurig guckt und eine Krone auf dem Kopf trägt. Regel Nummer 2: »Höre den Marginalisierten zu und setz dich dann an die Arbeit!« Regel Nummer 3: »Sei laut gegen Ungerechtigkeiten, aber übertöne die marginalisierte Gruppe nicht!« Und 4: »Du wirst Fehler machen. Entschuldige dich dafür und kenne dein Privileg!«[18]

Jede Woche wird auf »SayMyName« ein neuer Begriff eingeführt, der das rassistische Verhalten von Weißen beschreibt. Wie etwa die »Tone Policy«. Wenn Weiße »PoCs« darum bitten, sich nicht aufzuregen oder ruhiger zu reden, dann unterdrücken sie »PoCs« rassistisch.[19] Überhaupt könnten Weiße aufgrund der kolonialen Vergangenheit keine Opfer von Rassismus sein, liest man. Denn das zu behaupten, sei »Reversed Racism«[20].

Genau solche (digitalen) Formate der BPB will nun die Regierung mit dem neuen Maßnahmepaket gegen Rechtsextremismus und Rassismus weiter ausbauen. Es erstaunt auch nicht, dass die BPB das Buch von Alice Hasters in ihre Schriftenreihe aufgenommen hat. Davor beteuerte die Autorin in einem Interview, dass Weiße endlich anerkennen sollten, dass sie Rassisten sind – weswegen sie auch gar nicht versuchen sollten, nicht rassistisch zu sein.[21]

Unterwerfungszeremonien

Aber was sollen Weiße dann machen, wenn sie sich ihres Rassismus nicht entledigen können? Die Antwort ist einfach: Sie sollen sich für ihre Hautfarbe schämen, Reue zeigen und genau den Schmerz empfinden, den die Diskriminierten in der Vergangenheit und heute erfahren. Kurz: Auf sie wartet ein Umerziehungsprogramm.

Viele Antirassismus-Aktivisten haben für diese Umerziehung spezielle Methoden entwickelt, mit denen Weiße ihre »Erbsünde« überwinden können. Quasi eine Anleitung, wie man zum nichtrassistischen, also »besseren« Menschen wird und aus der Matrix erwachen kann – in Wahrheit werden hier Menschen aber emotional manipuliert.

Ogette etwa hat für diese Umerziehungsmaßnahme in ihrem Buch »Exit Racism« einen Fünf-Phasen-Plan entwickelt. In der »ersten Phase«, schreibt sie, würden weiße Personen ihre koloniale Sünde nicht anerkennen wollen, indem sie darauf beharren, »gute Menschen«[22] zu sein und sich gegen die Idee wehren, dass Rassismus ein »weißes System« und sie selbst folglich Rassisten seien. In der zweiten Phase, der »Abwehr«, würden Weiße wütend werden, sich gegen die Rassismus-Vorwürfe verteidigen[23], was aber – wie gesagt – wieder nur ein Zeichen ihres versteckten Rassismus sei.

Die Phasen drei und vier nennt Ogette »Scham« und »Schuld« – eine Annäherung zur ideologischen Erkenntnis: »Du schämst dich für die Geschichte des Rassismus«[24], »Du schämst dich dafür, weiß zu sein«, liest man hier. Und: »Du fühlst dich schuldig dafür, weiß zu sein«, »Du erinnerst dich an Momente und Situationen, in denen du rassistisch agiert hast und du fühlst dich dafür schuldig«[25]. Dann folgt endlich die »fünfte Phase«, die »Anerkennung« der Ideologie: »Du verstehst, dass du rassistisch sozialisiert bist«[26], schreibt Ogette. Ab jetzt soll man als weiße Person »Verantwortung übernehmen«. Und: »Du hast erkannt, dass Rassismus ein System ist« und man einen »Beitrag« leisten soll, um dieses System »zu dekonstruieren«[27].

Was hier von der weißen Person gefordert wird, liest sich wie das Beichtprotokoll einer religiösen Sekte: Bekenntnis der Sünde (»Ich bin weiß und deswegen rassistisch«), Buße (»Ich schäme mich dafür, weiß zu sein«) und Gelübde (»Ich bin rassistisch, aber werde auch den größten Bullshit als wahr anerkennen, um es nicht mehr zu sein«). Wenn alles gut läuft, werden Weiße von Ogette, die als Antirassismus-Coach die weißen Sünder durch diese Zeremonien führt, dann geläutert – bekommen also die Bestätigung, ein guter Mensch zu sein.

Und diese Umerziehungsmethoden sind erfolgreich. So veröffentlicht die Autorin in ihrem Buch Statements von Studenten, die ihre Gefühle in einem »Logbuch« festgehalten haben, während sie eine Vorlesung von Ogette besuchten.

Ein Student erzählt etwa, wie er die Welt jetzt ganz anders wahrnehme[28] und wie »unaufgeklärt und borniert«[29] doch die meisten Menschen seien, weil sie das kolonialrassistische System nicht erkennen könnten. Der Student spüre jetzt den Schmerz von Dunkelhäutigen, wenn sie rassistisch beleidigt würden. »Ich habe angefangen zu heulen«, heißt es hier. Andere erzählen, wie sie ihren Alltag nur noch schwer bewältigen[30] und sich nicht mehr konzentrieren können[31], wie sie mit »Wut und Traurigkeit« kämpfen[32] oder sich hilflos fühlen, weil sie nicht »das komplette System«[33] abschaffen können. Wieder eine andere Studentin erzählt, wie sie im Laufe der Vorlesung einen missionarischen Eifer entwickelte, indem sie ihre Familienmitglieder über das Thema aufzuklären versuchte – und dass ihr Bruder nur deswegen die neu entdeckte Ideologie nicht verstehen könne, weil er ein »weißer Mann zwischen 25 und 45 Jahren«[34] sei, genauso wie Ogette es »mehrmals gesagt« habe. Ein weiterer Student entschuldigt sich dafür, weiß zu sein: »Ich bin ein Mann und habe noch dazu blaue Augen«[35] schreibt er voller Reue, aber er sei auch »ein wirklich sensibler und einfühlsamer Mensch«.

Kurz: Es ist unerträglich, wie sich die Studenten in Demut suhlen, wie obrigkeitshörig sie sich verhalten, wie bereitwillig sie sich einer abstrusen Ideologie unterwerfen und ihre Vernunft abgeben.

Ogette verwendet übrigens in ihrem Buch ein anderes Wort für die Matrix: das »Happyland«. Denn Weiße leben in einer Welt der Glückseligkeit, weil sie wegen ihrer Privilegien keinen rassistischen Schmerz erfahren. Hier wird klar, worauf diese Art von Antirassismus im Kern abzielt: Weiße müssen leiden, weil Schwarze leiden. Sie dürfen nicht im Happyland leben. Sie dürfen nicht glücklich sein, wenn andere unglücklich sind. Sie *müssen* leiden. Hier zeigt sich auch die ganze Missgunst, die mit dieser Ideologie einhergeht: Dass man Menschen genau den Schmerz wünscht, den man selbst erleidet.

Tupoka Ogette wird medial immer wieder als couragierte Kämpferin gegen Rassismus dargestellt. In einem ZDF-Beitrag erzählte sie neulich, dass sie als Antirassismus-Coach schon über 1 000 Veranstaltungen durchgeführt habe, etwa in Fernsehredaktionen, Parteien und Staatstheatern.[36]

Sind Menschen wie Ogette die Experten, die zukünftig Mitarbeiter in staatlichen Behörden auf Rassismus »sensibilisieren« werden?

Die Suche nach dem cooleren Christentum

Wieso kommt eigentlich der Aufruf zur Unterwürfigkeit, zu Scham und Reue gerade so gut in der weißen Bildungselite an? Die Buß- und Läuterungs-Zeremonien, denen man in Ogettes Workshops begegnet, erinnern eindeutig an religiöse Praktiken des Christentums. Als ich über meine Frage nachdachte, erinnerte ich mich an ein Uni-Seminar über mittelalterliche Literatur, das ich während meines Studiums besucht habe. Thema: Märtyrerlegenden.

Das Prinzip dieser Legenden ist einfach: Es gibt einen Helden, der den Inbegriff des Guten und der Tugendhaftigkeit darstellt. Er symbolisiert Jesus Christus und lebt nicht für sich, sondern für die Gemeinschaft, die er durch sein Handeln auf den richtigen Weg bringt. In der Literatur sagt man, dass der Held ein »imitabile« ist, durch den sein Umfeld die »imitatio« erfährt. Das bedeutet, dass der Heilige – indem er die Passion Christi erleidet – seine Mitmenschen dazu bringt, dieses Leiden nachzuahmen, damit auch sie bessere Menschen werden.[37]

Die Legenden ähneln sich im Prinzip alle: Ein heidnischer Tyrann versucht einen tugendhaften Christen von seinem Glauben abzubringen, indem er ihn auf grausamste Weise foltert. So werden die Helden gemartert, gegeißelt, verbrannt, weiblichen Heiligen werden die Brüste abgetrennt. Zwischendurch werden dem Helden von dem Tyrannen – dem personifizierten Teufel – immer wieder Reichtum, Schönheit, Macht oder Glück angeboten, wenn er nur seinen Glauben verrät. Aber der Held bleibt standhaft. Er erträgt die Folter und bleibt – mit Hilfe von göttlichen Wundern und Eingebungen – dem christlichen Glauben treu, was schließlich mit seiner Hinrichtung, aber auch mit seiner Selig- und Heiligsprechung endet. Während dieser Marter greift die »imitatio« in vollen Zügen: Die Tugendhaftigkeit des Märtyrers überwältigt die heidnischen Mitmenschen, die teilweise zu Hunderten den christlichen Glauben annehmen oder ebenfalls für das Christentum in den Tod gehen.

Dieser Weg durch die »Imitatio Christi« zeigt sich nicht nur in den Märtyrerlegenden. Der Geistliche Thomas von Kempen hat im späten Mittelalter ein populäres Buch geschrieben, in dem er beschreibt, wie sich ein tugendhafter Christ zu verhalten hat. Es gilt, so heißt es da, den Leidensweg des gekreuzigten Jesus nachzuahmen, allem Sinnlichen und Fröhlichen abzuschwören und in tiefer Demut zu leiden. »Du wirst leiden müssen und so lange leiden, bis der Herr dem Leiden ein Ende macht«. Oder: »Nichts ist Gott angenehmer, nichts ist dir heilsamer auf Erden, als gern für Christus zu leiden«. Und: »Das ganze Leben Christi war nur Kreuz und Marter, und du willst nichts als Ruh und Freude haben?«[38]

Machen wir hier einen Schnitt – und schauen uns an, was sieben Jahrhunderte später in der westlichen Kultur als Bestseller gefeiert wird. In ihrem Buch erzählt die Autorin Robin DiAngelo auch eine Märtyrerlegende, allerdings eine woke Version.

Die Aktivistin ging, erzählt sie, mit zwei Kolleginnen zu einer schwarzen Webdesignerin, die für sie eine Webseite erstellen sollte. Die Designerin gab DiAngelo einen Fragebogen zum Ausfüllen, den sie jedoch weglegte, weil sie der Designerin lieber persönlich erklären wollte, wie sie sich die Seite vorstellte. DiAngelo erwähnte dabei, dass ihre Anti-Bias-Seminare nicht immer gut ankämen. Ihrer Kollegin Deborah, die schwarz ist und lockige Zöpfe trägt, wurde etwa gesagt, dass sie nicht wiederkommen solle, erzählte die Aktivistin und fügte hinzu: »Wahrscheinlich haben die Weißen Angst vor Deborahs Haaren«. Ein paar Tage später erfuhr die Antirassismus-Expertin, dass sich die Webdesignerin von dem Witz angegriffen gefühlt habe.

Und hier fängt das Martyrium an: Voller Pathos beschreibt nun DiAngelo, wie sie zur Webdesignerin eilte, um sich für ihre Bemerkung zu entschuldigen. Dort empörte sich die Webdesignerin nochmal einmal, weil DiAngelo ihren Fragebogen weggelegt hatte. »Ich habe diesen Fragebogen erstellt. Und ich habe mich mein Leben lang gegenüber weißen Menschen rechtfertigen müssen, intelligent zu sein«, beklagte sie sich. Stolz erklärt DiAngelo, wie sie sich erneut entschuldigte, und fragt, ob ihr noch etwas auf dem Herzen liege. Daraufhin antwortete die Webdesignerin: »Wenn das nächste Mal etwas Ähnliches vorkommt, möchten Sie die Rückmeldung dann öffentlich oder unter vier Augen bekommen?«

DiAngelos Antwort: »Ich erwidere, angesichts meiner Rolle als Schulungsleiterin würde ich die Rückmeldung gern öffentlich bekommen, da es für Weiße wichtig sei, zu sehen, dass auch ich mich in einem lebenslangen Lern- und Entwicklungsprozess befinde. Und ich könnte ein Vorbild für andere Weiße sein, wie man offen und ohne Abwehrhaltung mit Rückmeldungen umgeht. Sie erklärt mir, diese Dynamiken zwischen Weißen und Menschen of Color kämen zwar täglich vor, aber meine Bereitschaft, etwas dagegen zu tun, sei nicht alltäglich, und das wisse sie zu würdigen. Damit gehen wir auseinander.«[39]

Ich behaupte, dass es der Aktivistin hier nur um eines geht: Der Öffentlichkeit zu zeigen, dass sie eine tugendhafte Heldin ist, die jede Schikane, Demütigung und Diffamierung mit der Standhaftigkeit einer Märtyrerin erträgt. Sie will nicht nur von einer Schwarzen die Bestätigung erhalten, dass sie »gewürdigt« wird und somit ein guter Mensch ist. Sie will auch ihr Umfeld durch ihr tugendhaftes Handeln – durch das Ertragen der Marter – auf den moralisch richtigen Weg bringen. Diese Lust zur Unterwerfung, zu Demut und Schmerz geht mit einem großen Versprechen einher: von den eigenen Sünden erlöst zu werden.

Vergleichbare Unterwerfungszeremonien konnte man auch während der Black-Lives-Matter-Proteste beobachten. In North Carolina wuschen weiße Polizisten während einer Demonstration zwei schwarzen Priestern die Füße – damit wollten die Uniformierten um Vergebung für die kolonialen Sünden ihrer weißen Vorfahren bitten.[40]

Auch in Köln knieten sich weiße Polizisten bei einem BLM-Protest vor einem schwarzen Basketballer nieder. Der Sportler hatte sie gefragt, ob sie mit einem Kniefall ihr Verständnis für das Anliegen der Demonstranten bekunden würden. Die Uniformierten fragten bei ihren Vorgesetzten um Erlaubnis, um sich dann vor dem Basketballer niederzubeugen.[41]

Wie kann es sein, dass sich diese religiösen Gesten plötzlich in progressiven Bewegungen etablieren?

Der Philosoph Alexander Grau hat in einem Essay eine Antwort auf diese Frage gegeben. In der Religion, schreibt er, spiegele sich die Sehnsucht des Menschen nach Moral und somit nach Sicherheit durch Normen, Regeln und Werte wider. Menschen wollen nicht nur moralisch gut sein, sondern ihrem Leben auch einen Sinn verleihen und von ihrem Leid erlöst werden.[42] Das Christentum etablierte nicht nur eine universelle Werteordnung, die durch Rituale, Priester und Zeremonien aufrechterhalten wird.

Das Christentum »verbannte auch das Göttliche aus der Welt, erklärte das Diesseits zum sündigen Jammertal und versprach individuelle und kollektive Erlösung im Jenseits«, so Grau. Damit tröste die Religion über das Leid in der realen Welt hinweg und richte den Blick der Gläubigen »auf die Zeit nach dem Ende aller Zeiten«.[43]

Doch Religionen haben heute ein schlechtes Image. Unsere Gesellschaft hat sich in den vergangenen Jahrzehnten säkularisiert, indem sich Menschen von der reaktionären Moral der Puritaner, die der Freiheit von Frauen, Homosexuellen und Freigeistern im Weg standen, befreiten. Auch in der Philosophie hatte man ein Problem mit Religionen: Gott ist tot, schrieb Nietzsche, und damit der Glaube an die absolute Wahrheit und Moral. Damit ebnete er den Weg für alle Denker, die im Namen der Freiheit jedes Anzeichen von Ordnung, Bedeutung, Sinn, Universalismus und traditionellen Werten zu zerstören suchten.

Aber zu dieser Zerstörung ist es nie gekommen. Zwar wurde Gott abgeschafft. Doch die Moral des Christentums überlebte. Die Idee, dass das Gute das Böse besiegt und die Menschen von ihrem Leid erlöst werden, wenn sie sich tugendhaft verhalten, blieb in den Köpfen der Menschen.

Das Bedürfnis nach Religion wird heute dadurch befriedigt, dass man sich eine Ersatzreligion im Alltag sucht. Also klammern sich Menschen an politische Bewegungen, die ein vermeintlich cooleres »Gut« und »Böse« propagieren, die strikte Regularien und sogar quasi-religiöse Rituale und Zeremonien feiern, aber dennoch »progressiv« daherkommen.

So wurde zum Beispiel mit dem Ansatz der Intersektionalität ein religiöses Regelwerk erschaffen, mit dem man sich auf die Suche nach einem neuen, irdischen Gott macht, vor dem man seine religiösen Bedürfnisse ausleben kann. Denn: Nur derjenige, der qua Geschlecht und Hautfarbe den größten Schmerz erfahren hat, darf sprechen und Vorteile genießen. Diese Person ist der neue Heilige, der gekreuzigte Jesus, dem man sich nicht nur unterwirft, sondern dessen Leid man – ganz im Sinne der »imitatio« – voller Demut und Reue nachempfindet, um die eigene Tugendhaftigkeit unter Beweis zu stellen.

Die Journalisten und Aktivisten, die sich in der Öffentlichkeit für ihre Privilegien schämen, ihren »weißen Rassismus« in Frage stellen, vor Schwarzen auf die Knie gehen oder sich in Social-Justice-Seminaren bereitwillig in die Demut treiben lassen – ihnen geht es nur vordergründig um soziale Gerechtigkeit. Im Kern geht es nur um sie selbst: darum, religiöse Sehnsüchte auszuleben und bestätigt zu bekommen, ein wertvoller Mensch zu sein.

Es ist amüsant: Zwar verachten die Progressiven das Christentum und beschimpfen Kirchgänger als reaktionäre Kleingeister. Dabei sitzt das Bedürfnis nach Tugendhaftigkeit durch Läuterung und Schmerz so tief in ihrer Brust, dass sie sich eine Moral aneignen, die an das Zeitalter der Inquisition erinnert.

Der Glaube an den christlichen Gott mag im progressiven Weltbild seinen Platz verloren haben, aber der Glaube an die christliche Erlösung ist geblieben. Mit der Absage ans Christentum, so schreibt Grau, wurde nicht nur Gott, sondern auch das Heilsversprechen zurück in die reale Welt geholt. Das Paradies (oder die Utopie) liegt also nicht mehr unerreichbar im Jenseits, sondern wird in dieser Welt auf einmal greifbar und vermeintlich durchsetzbar.

Und wenn das Paradies plötzlich in greifbarer Nähe liegt, kann man auch radikalere Methoden anwenden, um das Heil zu erreichen. Da gab es etwa ein Video, das auf Twitter kursierte und Aktivisten bei einem Protest in Washington, D.C. zeigte. Eine Gruppe junger Demonstranten ging dort eine weiße Frau auf der Terrasse eines Restaurants an, weil sie sich weigerte, ihre Faust – als Zeichen der Solidarität für Schwarze – in die Luft zu strecken.

»White silence is violence!«, brüllte der Mob, der sich um die Frau herum formierte. In einem anderen Video, das denselben Vorfall zeigte, kam eine Aktivistin vor, die alle Weißen aus dem Mob aufforderte, »jetzt einen Schritt nach vorne zu treten«. Dann brach das Video ab.

Dein Kind ist rassistisch

Der Psychoanalytiker Sigmund Freud schrieb Ende des 19. Jahrhunderts ein Buch[44], in dem er die Krankheitsgeschichte von neurotischen Frauen erzählte. In bestimmten Situationen, so Freud, zeigten die Frauen Lähmungen, Krämpfe oder Ticks. Wie etwa die Patientin »Anna O«, die plötzlich nicht mehr aus einem Glas Wasser trinken konnte. Der Grund: Alle Frauen hatten in der Vergangenheit ein Trauma erlitten, das sie in der damaligen Situation aber nicht auslebten, sondern verdrängten. Also setzte Freud die Frauen unter Hypnose und brachte sie dazu, die traumatische Situation nochmal zu durchleben, um die unterdrückten Gefühle wie Schmerz, Ekel oder Abscheu auszuleben. Fast alle Frauen konnten von Freud mit dieser Methode geheilt werden, erklärte er.

Es ist sicher nicht einfach, Neurosen so zu therapieren. Der Glaube, dass man seine psychischen Probleme beseitigen kann, wenn man nur oft genug über die eigenen Traumata aus der Kindheit redet, ist heute aber besonders unter Intellektuellen beliebt, die gerne Gespräche mit dem Satz »Mein Therapeut hat gesagt ...« beginnen.

Diesen Trend haben sich auch die Social-Justice-Aktivisten zu eigen gemacht. Allerdings soll hier nicht mehr die einzelne Psyche, sondern das Bewusstsein einer Gesellschaft, ja sogar der ganzen westlichen Gesellschaft, therapiert werden. Denn die koloniale Struktur ist wie eine Krankheit, die sich in das kollektive Unterbewusstsein »der Weißen« hineingefressen hat. Und nur die Social-Justice-Warriors haben diese Neurose erkannt und maßen sich jetzt an, alle Weißen zu therapieren.

So sei es das Ziel, erzählt Ogette in einem Interview, »an die emotionale Komponente der Menschen« heranzukommen und Weißen »Raum für ihre Emotionen« zu geben. Denn: Weiße gehören zu einem Kollektiv, weswegen ihre Emotionen wie »Unsicherheiten, Ängste und Ohnmacht« keine individuelle Erfahrungen sein können. »Unser Job ist es, die Menschen da gut durch zu begleiten«[45], sagt sie. Das Ausleben der Emotionen sei »ein Prozess, den man gemeinsam durchlaufen müsse«, weswegen es sich bei den Workshops um »Schicksalsgemeinschaften« handle.

Man muss also nur die Affekte, die rassistischen »weißen Emotionen« ausleben, um »die Weißen« von ihrer kolonialen Erbsünde zu »heilen«. Das wird auch von anderen Antirassismus-»Forschern« behauptet, etwa in dem Aufsatz »Weiße Emotionen – Wenn Hochschullehre Rassismus thematisiert«.

Ich werde jetzt ein paar Passagen aus diesem Aufsatz zitieren, damit Sie einen Eindruck bekommen, was sich hier als seriöse Wissenschaft geriert. Weiße, so heißt es da, würden sich nur deswegen gegen den Rassismus-Vorwurf wehren, weil ihre »weiße Psyche« an einer »weißen Neurose« leide. »Weiße Emotionen« seien ein krankhafter »emo-kognitiver Zustand«, der zu »weißer Angst«, »weißer Furcht«, »weißer Wut«, »weißer Traurigkeit«, »weißer Hilflosigkeit«, »weißer Schuld« und »weißer Scham« führe. Diese »weißen Emotionen« seien ein »Motor von Rassismus«[46], weswegen man Weiße im Unterricht auch speziell behandeln müsse.

Der Grund für diese »weiße Neurose« sei das rassistisch-koloniale System, in dem Weiße großgeworden seien. Der Ursprung dieser Neurose wird dann genauer betrachtet, indem die Psyche von »weißen Kindern« analysiert wird: Weiße Kinder könnten ihren angeborenen Hass auf Schwarze – den »frühen weißen Rassifizierungsprozess« – nicht ausleben, erfährt man hier, weil man ihnen durch eine »weiße Erziehung« beigebracht habe, dass Rassismus schlecht sei.

Wenn Eltern ihren Kindern sagten, dass sie »farbenblind« sein sollten, dann stelle das eine »Form der Misshandlung« und »Entmenschlichung« dar, was zu einer »emotionalen und psychischen Störung der weißen Psyche« und folglich zu einem »weißen Kindheitstrauma« führen würde. Diese »rassische Sozialisation« würde alle Weißen »blind und gefühllos« machen und »schwerwiegende psychische Probleme« bei ihnen hervorrufen. Oder anders gesprochen: Weiße Kinder und Menschen sind psychisch krank – weil in der weißen Mehrheitsgesellschaft der Konsens herrscht, dass Rassismus moralisch zu verurteilen ist.

Und diese Neurose muss nun den Weißen ausgetrieben werden. In der Handreichung für den Unterricht wird dafür eine Methode vorgeschlagen: Bei »weißen Lernenden« solle eine »Identitätskrise« ausgelöst werden, weil die dann zu einem »veränderten Denken und Handeln« führe. Genauer: »Kritische Lehrende« sollten ein »Umfeld der Dissonanz« schaffen, das die »weißen Schüler« in eine »Identitätskrise« führt.

Diese Anleitung zum Thema Rassismus wurde vom »Institut für diskriminierungsfreie Bildung« (IDB) entworfen, das nach eigenen Angaben Bund und Länder in Sachen Antidiskriminierung berät und Unterrichtsmaterialien für Schulen und Unis anbietet. In den Passagen, in denen weiße Kinder als psychisch krank dargestellt werden, wird mitunter auf die Forschung von Robin DiAngelo verwiesen. Eine verkürzte Form dieses Leitfaden wird auf der Homepage der Freien Universität Berlin als »Toolbox« für

»Gender und Diversity in der Lehre« angeboten.[47] Auch verzeichnet die Antidiskriminierungsstelle des Bundes das IDB unter »Forschung« und empfiehlt es als seriösen Kontakt für Antidiskriminierungsmaßnahmen an Schulen.[48]

Die Autorin und Mitgründerin des IDB, Jule Bönkost, arbeitet zudem als Expertin für Antirassismus an Schulen und publizierte einen Beitrag für das Georg-Eckert-Institut, das in der Schulbuchforschung tätig ist und ebenfalls vom Staat getragen wird.

In diesem Beitrag werden tatsächlich Rassentrennungen für den Unterricht gefordert, indem dazu aufgerufen wird, Kindern aufgrund der Hautfarbe andere Lernziele zu setzen und anderes Schulmaterial zu geben. Warum? Weil »weiße Lehrende« wegen ihrer Hautfarbe Rassismus nicht erkennen könnten. Zudem gebe es aufgrund der kolonialen Matrix keine Schulbücher, die nicht rassistisch seien. Deswegen sollten »weiße Schüler*innen« beim »rassismuskritischen Lernen unterstützt«[49] werden.

Auch ein anderer »rassismuskritischer Leitfaden« wurde vom Bund und dem Land Berlin unterstützt, und auch hier stößt man auf dieselbe Ideologie: »Weiße Schüler*innen und Lehrer*innen« seien von einem »westlich-eurozentristisch-kolonialen Blick« beeinflusst, der sie zu Rassisten mache. Deswegen solle man im Unterricht »Weißsein und die Bevorzugung weißer Menschen«[50] behandeln.

Der Rassismus soll dabei vor allem weißen Lehrern ausgetrieben werden: Da »*weiße* Lehrer*innen« von »*weißen* Eltern« erzogen und von »*weißen* Lehrer*innen unterrichtet« wurden, »eine europäisch *weiße* Schulbildung« genossen, »*weiße* Vermieter*innen« haben und »im Bürgeramt *weißen* Sachbearbeiter*innen gegenübersitzen«, sähen sie ihr eigenes Leben als Normalität an und grenzten deswegen automatisch alle Kinder mit anderer Hautfarbe aus. Mehr noch: Sie würden die Kinder dazu erziehen, sich als die Ausgegrenzten zu sehen.

Die Lösung: Lehrer mit weißer Hautfarbe sollen sich selbst in Frage stellen, indem sie ihren eigenen Rassismus »reflektieren«, sich als »ständig Lernende begreifen«, eine »Irritation« ihres eigenen »Blicks auf die Welt« erfahren und dies dann in den Unterricht tragen.

Tatsächlich finden sich Ansätze der »Critical Whiteness«, die alle Weißen per se zu Rassisten erklärt, in zahlreichen Antirassismus-Broschüren[51] von Bund und Ländern. Da gibt es etwa eine Publikation der Amadeu-Antonio-Stiftung, in der Jugendliche mit Hilfe von Comics sämtliche Eckpfeiler der Social-Justice-Ideologie verinnerlichen sollen. Weiße Schüler werden dort aufgefordert, sich wegen ihrer Hautfarbe in Frage zu stellen. Oder ihnen wird beigebracht, dass Gefühle von Weißen wie »Angst, Scham und Schuld« Zeichen ihres unbewussten Rassismus seien.[52] Nur nebenbei: Die Handreichung für den Unterricht hat 104 Seiten, das Wort »*weiß*« kommt dort 120 mal vor.[53] DiAngelos Ansatz der »White Fragility« findet sich auch in staatlich geförderten Ratgebern für die Jugendsozialarbeit[54] und der Bildungsarbeit[55] wieder.

Die Integrationsbeauftragte Annette Widmann-Mauz hielt im November 2020 eine Rede im Bundestag, in der sie die Maßnahmen lobte, mit der die Regierung jetzt gegen Rassismus und Rechtsextremismus ankämpfen will. Über eine Milliarde Euro wurde für dieses Paket lockergemacht. Sie fließen in die Schulbuchforschung, Jugendsozialarbeit, Jugendbildung, aber auch in die politische Bildung von Erwachsenen. Die Politikerin lobte die Einführung eines neuen Expertenrats, sodass »die wichtige Expertise aus der Wissenschaft« auch dauerhaft gehört werden kann. Ein »historischer Meilenstein«, behauptete sie.

Wie kann es sein, dass ein Land wie Deutschland, das vor nicht allzu langer Zeit von der Rassenideologie der Nazis beherrscht wurde, eine solche »Wissenschaft« unterstützt? Wieso wird dieser Aktivismus gefördert und gar als historische Errungenschaft gefeiert? Wie kann das sein?

… und auch deine Gefühle

Aber damit nicht genug. Auch Workshops, in denen sich Weiße gezielt dafür schämen sollen, weiß zu sein, werden von Bund und Ländern nicht nur finanziert, sondern auch ganz explizit empfohlen.[56]

In einem »Methodenkoffer für Lehrende und Ausbilder*innen in der beruflichen Bildung« gibt es etwa eine Anleitung zum »Privilege Walk«[57]. Das geht so: Die Teilnehmer stellen sich in einer Reihe auf. Dann wird eine Checkliste mit den vermeintlichen Privilegien von Männern, Weißen, Wohlhabenden und Heterosexuellen vorgelesen. Jedes Mal, wenn eine Eigenschaft zutrifft, gehen die Teilnehmer einen Schritt nach vorne. Am Ende des »Walks« sollen sich die vermeintlich »Privilegierten« umdrehen, die Zurückgebliebenen ansehen und ihre Gefühle schildern. Kurz: Sie werden dazu gezwungen, ihre Privilegien zu »reflektieren«.

Das ZDF filmte neulich so einen »Privilege Walk« und nannte ihn ein soziales »Experiment«. Die Privilegien waren etwa: »Ich kann davon ausgehen, die gleichen beruflichen Chancen zu haben wie Kollegen mit der gleichen Qualifikation«, »Ich werde in der Schule oder Beruf aufgrund meines Aussehens nicht benachteiligt«, »Wenn ich mich als Deutscher bezeichne, ist das meinem Gegenüber selbstverständlich« oder »Ich kann in alle Regionen Deutschlands reisen« (Fun Fact: Eine Frau blieb hier stehen, gab danach aber zu, dass sie zwar unbeschränkt reisen kann, aber es nicht will, weil sie Angst vor Rassismus hat)[58]. Die Aufnahmen wurden mit pathetisch-emotionaler Musik untermalt, während die Kamera das Gesicht eines schwarzen Einwanderers zeigte, der sich Tränen aus den Augen wischt. Schwarze wurden hier vor laufenden Kameras in den Schmerz gezwungen, damit man sie dem Zuschauer als weinende Opfer präsentieren konnte. Das ist an sich schon menschenverachtend.

Im Fokus stehen vor allem aber: Weiße. Da gab es etwa eine ältere weiße Frau, die ebenfalls in Tränen ausbrach. Es tue ihr einfach weh, dass einige ganz am Rand geblieben seien, schluchzte sie. Diese ältere Frau wurde dann bei der Besprechung des »Experiments« bei Dunja Hayali von der Rassismus-»Expertin« Hadija Haruna-Oelker verspottet. Der Fakt, dass sie geweint hätte, entspreche – Achtung, hier kommt wieder ein neuer Begriff – dem Konzept der »White Tears«. »Es darf nicht bei Tränen bleiben! Ziehe deine Konsequenz!«, kommentiert Haruna-Oelker genervt die emotionale Reaktion der Frau. Denn: »Es geht nicht um dich persönlich, es geht um ein großes System! Rassismus ist ein gesellschaftliches System, und wenn du das jetzt verstehst, dann benutze das Privileg und ändere etwas!«, hieß es im Befehlston.

Es ist kaum zu glauben: Weil die ältere Frau eine weiße Haut hat, wird ihr Schmerz abgewertet. Ihre Gefühle werden kollektiviert, und damit wird ihr die Individualität geraubt. Die politische Ideologie greift hier sogar in die intimste Sphäre ein, die ein Mensch überhaupt haben kann: seine Emotionen.

Was hier geschieht, beschreibt die Philosophin Hannah Arendt als ein Element der totalitären Herrschaft. Ziel von totalitären Regimen sei es, so Arendt, »alle Menschen in ihrer unendlichen Pluralität und Verschiedenheit so zu organisieren, als ob sie alle zusammen nur einen einzigen Menschen darstellten.«[59] Dazu muss die Ideologie »in das privat-gesellschaftliche Leben der ihr Unterworfenen«[60] eindringen, schreibt Arendt. Denn erst wenn man die privateste Sphäre des Menschen politisiert, indem man Gesten, Gedanken und Emotionen in »gut« und »schlecht« einteilt, sind die Menschen selbst in ihren intimsten Gefühlen gleich-geschaltet – und lassen sich somit in der Form der Masse besser manipulieren.

Nichts anderes geschieht gerade in der Social-Justice-Bewegung. Die Ideologie des kolonialen Systems wird hier als so mächtig beschrieben, dass Weißen die Individualität – also der eigene Verstand, der eigene Willen und die eigenen Gefühle – abgesprochen wird. Es gibt nur noch eine Ordnung, der sich jede Persönlichkeit, jede Tatsache und auch jede Emotion beugen muss. Weiße sind Täter und Schwarze sind Opfer.

Diese Weltsicht hat sich die Antirassismus-Expertin in Hayalis Sendung nicht einfach ausgedacht. Vielmehr bezieht sie sich auf Robin DiAngelo, die in ihrem Buch behauptet, dass es den Individualismus in Wahrheit nicht gebe, weil er nur eine »Schlüsselideologie«[61], eine Erfindung der Weißen sei, um die koloniale Unterdrückung der Schwarzen aufrechtzuerhalten.

Deswegen könnten Menschen auch keine »einzigartigen Einzelwesen« sein oder sich von der Gruppe, in die sie hineingeboren wurden, unterscheiden.[62] Menschen seien immer einer »>Rasse‹, Schicht oder einem Geschlecht« zugehörig. Und vor allem Weiße könnten sich ihrer »Rassesozialisation« nicht entledigen, weswegen sie in »Rassenfragen Demut zeigen«[63] sollten.

Auch andere einflussreiche Social-Justice-Theoretikerinnen sprechen Menschen die Individualität ab und degradieren sie zu fremdgesteuerten Knechten ihrer Identität. Das geschieht bei Peggy McIntosh wie auch bei Kimberlé Crenshaw, der Erfinderin der Intersektionalität[64]. Eine besonders üble Variante des Tyrannischen steckt hinter dem Ansatz der »White Tears«, den die genannte Expertin bei Hayali erwähnte. Auch dieser Begriff taucht bei DiAngelo auf. »Weiße Tränen« seien eine Form der »weißen Fragilität«, unterstreicht sie, weswegen besonders die Tränen weißer Frauen gefährlich seien.[65]

Denn: Wenn weiße Frauen neben Schwarzen weinten, minimierten sie den Schmerz von Schwarzen. So erzählt DiAngelo von einem schwarzen Mann, der in einem Workshop von seinen Rassismuserfahrungen erzählte und dabei von einer weißen Frau unterbrochen wurde. Als DiAngelos Kollegin die weiße Frau als Rassistin beschimpfte, fing diese an zu weinen. »Unterdessen blieb der schwarze Mann sich selbst überlassen und musste dabei zusehen, wie sie getröstet wurde«, beklagt die Aktivistin.[66] Aufgrund der kolonialrassistischen Vergangenheit, erfährt man folgerichtig, sind Emotionen von Weißen weniger wert und sollten daher unterdrückt werden.

Ähnliches konnte man auf dem Twitter-Account des deutschen Journalisten Malcom Ohanwe lesen. Dort sagte er, dass die Tränen weißer Frauen für die schwarze Psyche und schwarze Körper fatale Auswirkungen haben könnten. Denn: »Weiße weibliche Tränen« könnten dazu beitragen, »schwarze Körper zu entmenschlichen«.[67]

DiAngelos Verachtung von Weißen geht so weit, dass sie weiße Frauen an ihrem Arbeitsplatz auffordert, das Zimmer zu verlassen, falls ihnen Tränen kommen. Weiße, die vor Schwarzen ihre Emotionen zeigen, stempelt sie prinzipiell als »narzisstisch«[68] ab und wirft ihnen »mangelndes Rassenbewusstsein«[69] vor.

Reden wir Klartext: Alle Weißen sind Rassisten. Ihre Gesten sind rassistisch. Ihr Verstand ist rassistisch. Ihre Emotionen sind rassistisch. Ihre Handlungen sind rassistisch. Alles an ihnen ist rassistisch, weil sie eine weiße Hautfarbe haben. Wenn Weiße emotional auf diesen Psychoterror gegen sie reagieren, stempelt man ihre Gefühle erneut als rassistisch ab. Weiße dürfen keine Individuen sein. Sie dürfen nicht widersprechen. Sie dürfen nicht fühlen. Sie dürfen nicht weinen. Also gibt es nur eine Lösung: Schweigen, Abgabe der Vernunft, Unterwerfung.

Big Brother is watching you

Erinnern Sie sich noch an die Fernsehshow »Big Brother« aus den Nuller Jahren? Ein paar Menschen wurden dort in einen bewohnbaren Container eingesperrt und von Kameras überwacht. Die Zuschauer konnten die Bewohner zu Hause auf der Couch beobachten und darüber abstimmen, wer das Haus verlassen soll. Der letzte, der übrig blieb, gewann dann ein Preisgeld und wurde für kurze Zeit als B-Promi gefeiert.

Ironischerweise störte sich bei dem Hype um die Serie niemand an dem Titel »Big Brother«. Denn das ist der Name des totalitären Herrschers, den Orwell in »1984« beschreibt. Der Roman zeigt, wie Regime ihre Herrschaft durch totale Kontrolle durchsetzen. Das geschieht nicht nur mit Kameras, sondern auch Ministerien greifen in die intimsten Angelegenheiten der Bürger ein. Das »Ministerium der Wahrheit« regelt etwa die politischen Meinungen der Bürger, während das »Ministerium der Liebe« mit der »Gedankenpolizei« den letzten erdenklichen Rückzugsraum des Menschen erobert: die Gedanken und Gefühle.

An einer Stelle beschreibt der Protagonist des Romans, Winston Smith, wie »die Partei« die Sexualität ihrer Mitglieder zur staatlichen Angelegenheit erklärte: Alle Eheschließungen zwischen Parteimitgliedern mussten von einer zu diesem Zweck eingesetzten Kommission gebilligt werden, und die Genehmigung wurde immer dann verweigert – obwohl das nie offen gesagt wurde –, wenn das betreffende Paar sich körperlich zueinander hingezogen zu fühlen schien. Der einzig legitime Zweck einer Heirat war, Kinder für die Dienste der Partei zu zeugen.[70]

Durchaus Verwandtes geschieht gerade in der Social-Justice-Bewegung. In einem Artikel auf Ze.tt stellte sich etwa ein junger weißer Journalist die Frage, ob er selbst ein Rassist sei, weil er keine schwarzen Frauen oder Frauen mit Migrationshintergrund

daten würde. Die Antwort eines »Forschers«: Der Kolonialismus
sei noch nicht lange her, weswegen es sein könne, dass der junge
Mann bei der Partnersuche unbewussten Vorurteilen auf den
Leim gehe. Es ist kaum zu glauben: Der Journalist degradiert sich
hier zum Knecht einer politischen Ideologie, die ihm unterstellt,
dass er nicht Herr seiner eigenen Sexualität sein könne.[71]

Eine Woche später publiziert Ze.tt einen Artikel, in dem Empfehlungen aufgelistet werden, wie Weiße »weniger rassistisch«
sein könnten. Eine der Empfehlungen: Man sollte aufhören,
schwarze Männer und Asiatinnen zu begehren, weil das einem
kolonialen Fetisch entspreche.[72]

Weiter: Die Universität Bielefeld bot ein Seminar über das
»richtige« Masturbieren an. Unter dem Motto »Möseale Ejakula-
tion – die Votzen spritzen zurück« sollten zehn Frauen von einer
Dozentin beim Masturbieren angeleitet werden. Der Workshop
setzte die Annahme voraus, dass Frauen prinzipiell nicht über
ihre eigene Sexualität informiert seien, weil »patriarchale Strukturen« sie daran hindern würden.[73] Ob das selbstbewusste Frauen
von heute auch so sehen?

Interessant war auch ein Sharepic von Zeit Online, das auf Twitter kursierte: »Wie wir uns verlieben, wie wir lieben, wie wir uns
entlieben, folgt immer noch Mustern, die das Patriarchat entwickelt hat«.[74] Der Glaube an eine Ideologie, die uns alle unbewusst
knechtet, ist hier so groß, dass man selbst die tiefste Emotion –
die Liebe – infrage stellt und nach Anzeichen des verhassten Patriarchats untersucht.

Auch Alice Hasters beschreibt in ihrem Buch, wie das koloniale System in die intimsten Sphären hineinwirkt. In dem Kapitel »Liebe« erklärt sie, wie sich weiße Liebhaber ihr gegenüber
verhalten sollen: »Liebe löscht Rassismus nicht aus. Nur, weil du
dich in mich verliebt hast, sind damit nicht all deine Vorurteile
verschwunden«.[75]

Es ist fast schon amüsant zu lesen, an was Hasters den Rassismus ihrer Liebhaber festmacht. Etwa, wenn sie nicht einsehen wollen, dass Gran Torino ein »furchtbar rassistischer«[76] Film ist. Oder wenn sie der Meinung sind, dass Jan Böhmermanns Parodie auf den Rapper »Haftbefehl« – der wegen Antisemitismus mehrmals kritisiert wurde – nicht lustig sei, weil hier ein »*weißer* Typ« Witze über »PoC« macht, die ja Opfer von Polizeigewalt seien. Deswegen denkt Hasters sogar darüber nach, sich von ihrem Freund zu trennen.[77]

Das kann aber vermieden werden, schreibt sie, wenn sich der weiße Freund an einen Regelkatalog hält: Er soll sich »schweren Herzens nach und nach« von seinen »rassistischen Lieblingskünstler*innen, Kindheitsschätzen und Ansichten lösen«[78]. Auch wenn vielleicht Freundschaften zerbrechen[79].

Wie Ogette leitet Hasters bei ihrem Liebhaber einen religiösen Erkenntnisprozess ein: »Du wirst Situationen in deinem Kopf abspielen, in denen du dich ignorant gegenüber deinen Freund*innen of Color verhalten hast. Du wirst feststellen, wie wenig du mit ihnen über diese Unterschiede gesprochen hast. Du wirst Dinge jetzt anders bewerten«,[80] schreibt sie. Weil ihr Freund nicht wisse, wie sich Diskriminierung anfühle, habe er viele Fragen, liest man weiter.

»Wenn ich die Geduld aufbringen kann, werde ich dir deine Fragen beantworten und die Artikel für dich analysieren. Du wirst mir nicht dafür danken, dass ich so viel Geduld aufbringe, dich aufzuklären. Einfach weil du gar nicht merken wirst, dass diese Gespräche für dich zwar erhellend sind, ich hingegen nichts dazugelernt habe«[81], schreibt Haster. Ich jedenfalls frage mich, ob Hasters sich einen Partner auf Augenhöhe oder nicht doch lieber ein Haustier wünscht.

Ihr Buch liest sich wie das Tagebuch einer Königin, die auf ihrem Thron sitzt und das Fußvolk entweder mit Orden auszeichnet oder in den Kerker sperrt. So erzählt die Autorin, wie sie abwägt, ob sie ihren Freund »loben oder tadeln soll«, wenn er sich gegen Rassismus ausspricht. Im selben Moment wertet sie seine Bemühungen dann wieder ab: »Manchmal werde ich allerdings keine Geduld haben. Ich werde dir klarmachen, dass ich nicht mit dir zusammen bin, um dein Antirassismus-Coach zu sein.«[82]

Um es kurz zu machen: Aktivisten wie Hasters, DiAngelo und Ogette geht es offenbar nur darum, den eigenen Hass auf Weiße und das System auszuleben, indem sie Menschen qua Hautfarbe in die Demut und Unterwürfigkeit zwingen – um sich selbst dabei wahlweise als Priester, Psychotherapeut oder Märtyrer zu feiern.

Mit Islamisten kuscheln

Ein Rückblick: Etwas angeheitert stehe ich auf dem Gehweg. Ich bin 19 Jahre alt. Meine Eltern sind vor ein paar Jahren nach Frankreich gezogen. Seitdem gehe ich hier in einer Vorstadt zur Schule und lebe in meiner ersten WG, mitten in der Stadt. Mein Freund und ich sind auf dem Heimweg. Es ist Hochsommer und unfassbar heiß. Ich trage ein kurzes Kleid.

Mein Freund und ich sind die ersten Hipster in Europa. So fühlen wir uns jedenfalls. Wir rauchen selbstgedrehte Zigaretten, tragen ausrangierte Burberry-Jacken und haben eine analoge Kamera dabei, mit der mein Freund gerade die Lichter der Straßenlaterne einzufangen versucht. Er ist ein paar Meter entfernt. Plötzlich läuft ein Mann auf mich zu und zieht mein Kleid hoch.

Fast derselbe Ort, ein paar Wochen später. Wir sind wieder unterwegs. Diesmal ist eine Freundin mit dabei. Ich weiß nicht mehr, wie, aber wir geraten mit ein paar Männern in einen Streit. Sie beschimpfen uns, schreien uns an, versperren uns den Weg. Irgendwann bekomme ich einen Tritt in den Bauch ab und verliere meine Freundin aus den Augen. Später erzählt sie mir, wie einer der Typen ihr ins Gesicht geschlagen und sie zu vergewaltigen versucht hat.

Zur selben Zeit wurde in Frankreich der Ausnahmezustand verhängt – nach massiven Krawallen in den Banlieues. Jeden Morgen, wenn ich zur Schule fuhr, sah ich in den Vorstädten neue verkohlte Auto-Wracks. Mein Freund studierte damals in Mirail, einer der übelsten Vorstädte in der Region. Hier waren die »Cités«, also ganze Städte aus Plattenbauten, in denen vor allem arabische Einwanderer und Migranten lebten. Der Staat hatte diese Orte komplett aufgegeben. Sie sahen übel aus: marode Fassaden, eingeschlagene Fenster und kaputte Spielplätze.

Für uns waren die Krawalle damals gerechtfertigt. Die »Racailles« (deutsch: Abschaum), wie man sie nannte, also die Araber, die mit Lacoste-Sportanzug, Nike-Airs, über die Hosenbeine gezogenen Tennissocken und Bauchtasche im Stadtpark abhingen und Haschisch vertickten, fanden wir cool. Das waren nicht nur Gangster wie die schwarzen Rapper aus der Bronx, sondern Revoluzzer, die sich gegen ein System auflehnten, das die Ärmsten vernachlässigte, sie als »Abschaum« abwertete und in menschenunwürdige Ghettos sperrte.

Der Film »La Haine« ist bis heute einer meiner Lieblingsfilme. In ihm wird der Alltag eines Juden, eines Arabers und eines Schwarzen aus einer Pariser Cité gezeigt, die einen auf Gangster machen, um cool zu sein, aber im Grunde harmlos sind und nur von der Gesellschaft akzeptiert werden wollen. Es geht um die Probleme der eingewanderten Unterschicht, um Ausgrenzung, Rassismus, verhärtete Fronten und Polizeigewalt. Darum also, dass die Krawallmacher aus den Cités Menschen sind, die nicht kriminell geboren wurden.

»Die Araber«, »die Muslime«, »die Afrikaner«, »die Flüchtlinge«. Das können rassistische Wörter sein. Denn sie können ausgrenzen und Menschen mit bestimmter Herkunft einen Stempel aufdrücken. Menschen auszugrenzen, das war damals nicht meine Absicht und ist es auch heute nicht. Für uns war klar, dass die Typen, die uns auf der Straße angegriffen hatten, nichts mit den Menschen zu tun haben, die mit uns zur Schule gingen oder mit denen wir befreundet waren. Wir differenzierten. Wir bewerteten Menschen nach ihren Handlungen und nicht nach ihrer Hautfarbe, Herkunft oder Religion. Das ist doch selbstverständlich, oder?

Fast 15 Jahre später bin ich wieder abends auf dem Heimweg. Diesmal in Berlin. Ich besorge mir einen Döner und setze mich auf eine Bank. Da kommt ein Mann auf mich zu und spricht mich an. Er will mich nach Hause bringen. Ich sage: Ich will nicht mit dir reden, lass mich in Ruhe. Das sage ich drei Mal, vier Mal, fünf Mal. Aber er geht nicht. Der Typ nervt. Ich könnte mich auch woanders hinsetzen. Aber ich habe keine Lust, mich verscheuchen zu lassen. Also schubse ich ihn weg. Das versteht er dann.

Eigentlich war das nicht so schlimm. In Berlin gibt es viele Menschen, die herumpöbeln oder so zugedröhnt sind, dass sie selbst nicht mehr merken, was sie tun. Der Vorfall hat mich trotzdem wütend gemacht. Denn ich fing an zu überlegen, wie oft und von wem ich in meinem Leben sexuell belästigt wurde. Und es waren – egal ob in Frankreich, Deutschland oder der Schweiz – fast immer arabische Einwanderer.

Doch meine Wut galt in diesem Moment weniger dem aufdringlichen Araber, sondern den modernen Feministinnen wie Margarete Stokowski oder Sophie Passmann. Denn sie schweigen dieses – nicht gerade kleine – Problem tot. Stattdessen schimpfen sie über den »alten weißen Mann« und propagieren das Bild einer rassistischen Gesellschaft, in der Muslime und Migranten nur Opfer sein können.

Vor einiger Zeit verfasste Margarete Stokowski auf Spiegel Online eine Liste für Männer, wie sie sich Frauen gegenüber besser verhalten können.[1] Männer sollten Frauen nachts nicht dicht hinterherlaufen, steht da etwa. Auch sollte man Frauen nicht anreden, die »nicht so aussehen, als wären sie an einem Gespräch interessiert (Kopfhörer sind ein guter Hinweis dafür)«.

Ich frage mich, in was für einer Welt Margarete Stokowski lebt. Denn in meinem Alltag sind es nicht weiße junge Männer oder gar Familienväter, die mir in der Dunkelheit hinterherlaufen oder mir den Weg versperren, wenn ich mit Kopfhörern durch den Park jogge, sondern in erster Linie zugewanderte Drogendealer, die Kulturen angehören, in denen Frauen weniger wert sind als Männer.

Im selben Artikel erzählt Stokowski von einer Frau, die in einem Club ein »smart dress« trug: ein druckempfindliches Kleid, das die »unerlaubten Berührungen auf ihrem Körper« maß. »Viele Männer reagierten geschockt auf die Vielzahl der Übergriffe. Sie hätten das auch einfacher haben können, mit Zuhören«, so Stokowski. Und: »Glauben Sie Frauen, wenn sie von ihren Erfahrungen berichten, auch wenn es Ihnen schwerfällt«.

Ich finde es scheinheilig, wenn Stokowski darauf beharrt, dass Frauen von ihren Erfahrungen berichten sollen. Denn ich habe damals niemandem von »unerlaubten Berührungen« auf meinem Körper erzählt, weil ich Angst hatte, dann als Rassistin dazustehen. Denn eines ist in der linken Szene klar: Schwarze, Muslime und andere Migranten sind Leidtragende von Rassismus, Ausgrenzung und Polizeigewalt. Sie sind Opfer, die man nicht kritisieren darf, weil man sonst »der AfD in die Hände« spielt.

Wohin diese Angst führen kann, wurde an der Vergewaltigung von Selin Gören im Jahr 2016 deutlich. Die damals 24-jährige Bundessprecherin der Linksjugend wurde kurz nach der Kölner Silvesternacht von drei jungen Arabern brutal missbraucht. Als sie zur Polizei ging, zeigte sie nur den Diebstahl ihrer Handtasche von einer Gruppe deutscher Männer an. Warum? Sie hatte Angst, dass die Vergewaltigung »von rechts« missbraucht würde, erzählte sie in einem Interview mit Panorama.[2] Und weiter: »An diesem Tag auf der Polizeiwache war ich diejenige, die darunter gelitten hat, es nicht anzuzeigen. Aber dagegen standen Geflüchtete, die darunter leiden müssen, wenn ich das anzeige. Sie haben ja nichts gemacht, aber hätten unter der Flüchtlingshetze leiden müssen, die daraus zwangsweise resultiert wäre«.

Damit das – noch einmal – klar ist: Es ist nicht mein Ziel oder meine Intention, einzelne Bevölkerungsgruppen abzuwerten. Nicht jeder Afrikaner läuft Frauen in der Dunkelheit hinterher, nicht jeder Muslim ist ein Grapscher und nicht jeder Araber kriminell. Ganz im Gegenteil: Der größte Teil der Eingewanderten verhält sich friedlich – sie sind Individuen, die man keiner stereotypen Masse zuordnen darf.

Es gibt in Deutschland aber durchaus Probleme mit einigen Zugewanderten, zum Beispiel mit extremistischen Muslimen, die Deutsche per se als Ungläubige verteufeln, Juden den Tod wünschen und Frauen, Homosexuelle und Queers als mindere Geschöpfe ansehen. Und mittlerweile ist es in Politik und in den Medien fast unmöglich geworden, diese Probleme anzusprechen, weil man Angst hat, »den Rechten« Munition zu liefern. Diese Angst ist auch berechtigt. Denn die AfD wird nicht müde, sich Vorfälle von kriminellen Muslimen oder Flüchtlingen aus den Medien herauszusuchen, um pauschal gegen Minderheiten Stimmung zu machen.

Alle Einwanderer seien »Messermänner«, Vergewaltiger und Betrüger, so hört man es häufig von der AfD, weswegen man Muslime aus gewissen Ländern kein Asyl mehr in Deutschland gewähren solle. Das ist menschenverachtend. Denn die Mehrheit der Opfer von Terror, Verfolgung und Krieg, die nach Deutschland geflohen sind, kann nichts dafür, dass eine Minderheit an Zugewanderten Gesetze bricht. Menschen, die um Asyl bitten, allein aufgrund ihrer Religion oder Herkunft in eine Schublade zu stecken und ihnen Hilfe zu verwehren, ist eines: Rassismus.

Die AfD ist in der Tat ein übler Verein. Die Partei schürt nicht nur Hass auf Minderheiten. Sie beschwert sich auch in ihrem Grundsatzprogramm darüber, dass muslimische Migranten weniger gebildet seien, aber mehr Kinder bekämen als Deutsche, weswegen die Partei einen »ethnisch-kulturellen Wandel« befürchtet. Die Partei geht also davon aus, dass mit Muslimen ein rückständiges Prekariat einwandere, das qua Ethnie und kultureller Prägung nicht integrationsfähig sei. Ein solches völkisches Weltbild hat in einem demokratischen Staat nichts verloren. Zumal die AfD mit der Identitären Bewegung paktiert, die Migranten in ihre Heimatländer zurückführen will, weil sie einen »Bevölkerungsaustausch« befürchtet. Das ist deren Version von »Ausländer raus!«.

Natürlich will man diesen Populisten keine Munition für ihre Propaganda liefern. Was im Moment aber passiert, ist schlimmer: Denn die Angst davor, rechte Extremisten zu stärken oder selbst als Rassist dazustehen, führt dazu, dass die radikalen Tendenzen im Islam entweder totgeschwiegen oder beschwichtigt werden. Damit schaden Politiker, Journalisten und Aktivisten genau denjenigen, die sie eigentlich beschützen wollen: Frauen und Queers. Aber auch jungen Muslimen, die unter der ultraorthodoxen Moral ihrer Community leiden.

Hass gegen Frauen und Queers

Deutschland hat ein Problem mit dem extremistischen Islam – das zeigt sich jeden Tag. Zum Beispiel bei der Frauenrechtlerin Seyran Ateş, die in Berlin-Moabit eine liberale Moschee gegründet hat. Dort werden die Gebete nicht nur von weiblichen Imamen angeleitet. Das Gotteshaus steht auch Homosexuellen offen, während Männer und Frauen – mit und ohne Kopftuch – gemeinsam nebeneinander beten. Allein, dass es eine Muslimin wagt, die Stellung eines Imam einzunehmen, und die Moschee für Queers öffnet, ist für radikale Muslime derart anstößig, dass Ateş mit

Morddrohungen überschüttet wird. Die Gefahrenlage ist so ernst, dass die Moschee unter Polizeischutz steht. Seyran Ateş selbst wird von radikalen Muslimen so massiv bedroht, dass sie das Haus nicht ohne eine Gruppe von bewaffneten LKA-Männern verlassen kann – das alles nur, weil sie sich in der Öffentlichkeit für die Rechte von Frauen und LGBTQs im Islam einsetzt.

Neulich berichtete die NZZ darüber, dass in Berlin die Hasskriminalität gegen LGBTQs zunimmt. Das Anti-Gewalt-Projekt »Maneo« dokumentierte im Jahr 2019 in Berlin 559 Attacken und Beleidigungen gegen Queers.[3] Dieser Hass kam nicht nur von rechts, sondern auch aus der Mitte der Bevölkerung, hieß es da. Das Projekt machte aber auch darauf aufmerksam, dass viele Schwulenpaare offenes Auftreten in bestimmten Gegenden mieden, weil sich dort »viele arabisch- und türkischstämmige Jugendliche mit homosexuellenfeindlichen Einstellungen« aufhielten.

Transsexuelle – also häufig Männer, die sich als Frau verkleiden – müssten, berichtete das queere Bündnis »Ehrlos statt Wehrlos«, mittlerweile damit rechnen, von jungen Muslimen als »Schwuchtel«, »haram« oder »Kuffar« (Ungläubiger) beleidigt, mit Steinen beworfen oder mit Messern angegriffen zu werden.[4]

Auf die Unterstützung moderner Feministinnen dürfen die Berliner Queers nicht hoffen. Im Gegenteil. So wurde »Ehrlos statt Wehrlos« nach seiner Gründung pauschal als »rechtspopulistisch« diffamiert und mit der Identitären Bewegung gleichgesetzt. Das geschah auf genau dem Blog, der vorschlägt, Seiten aus Büchern herauszureißen und unbeliebte Veranstaltungen zu sprengen – und den ProfX Lann Hornscheidt seinen Studenten empfiehlt.

Doch damit nicht genug. Im Oktober 2020 wurde in Dresden ein schwules Pärchen auf offener Straße von einem syrischen Islamisten angegriffen. Der ISIS-Terrorist Abdullah Al Haj Hasan attackierte die beiden Männer mit einem Messer, einen erstach er. Zuvor hatte der Mann in seiner Flüchtlingsunterkunft einem Christen damit gedroht, ihm die Zunge abzuschneiden. Auch nach diesem Vorfall herrschte Schweigen unter den vermeintlich Progressiven, die sonst regelmäßig in allen Medien rechten Terror anklagen und sich für die Rechte der LGBTQs stark machen.

Zumindest in der Union regte sich Kritik. So forderte der CDU-Politiker Norbert Röttgen, dass es in Zukunft möglich sein sollte, islamistische Straftäter und Gefährder wie Al Haj Hasan wieder nach Syrien abschieben zu können. Daraufhin twitterte der politische Bundesgeschäftsführer der Grünen, Michael Kellner, dass die Union ihren Wahlkampf mit dieser Forderung »auf den Rücken der Schwächsten«[5] austrüge. Für die Grünen sind Muslime, selbst wenn sie dem IS angehören, zunächst einmal Opfer, die man beschützen soll.

Das Kopftuch – ein Zeichen der Emanzipation?

In der islamischen Welt gibt es eine beliebte Darstellung, die Frauen auffordert, sich an die Regeln des Islam zu halten: Es wird ein unverpackter und ein verpackter Lolli gezeigt. Auf dem unverpackten Lolli kleben Fliegen.[6] Neben dem Fliegen-Lolly ist eine Frau mit wehenden Haaren abgebildet, während neben der verpackten Süßigkeit eine Frau mit Schleier zu sehen ist. Dazu die Frage: Welches würdest du lieber haben?

Frauen werden hier wie eine Süßigkeit behandelt, die man vor Verunreinigungen schützen muss. Der Körper der Frau ist eine Gefahr für den Mann, die man nur bezwingen kann, indem sich die Frau bedeckt. Das sagt auch die Frauenrechtlerin Seyran Ateş: »Frauen werden verhüllt, damit andere Männer diese Frau nicht in ihrer vollen Schönheit sehen und erregt werden. Damit wird der Alltag sexualisiert, damit wird das ganze Leben von morgens bis abends sexualisiert – auf so eine extreme Art und Weise, dass man permanent unter Druck steht«.[7]

Die deutsch-türkische Journalistin Güner Balci drehte vor ein paar Jahren eine Dokumentation über den Reinheitskult unter konservativen Muslimen.[8] So zeigte sie, wie man Frauen in orthodoxen Communitys bei der Hochzeit wie ein schön verpacktes Geschenk behandelt, das vom Besitz der Familie in den Besitz des Mannes übergeht. Den Bräuten werden rote Schleifen um die Taille gebunden, die in der Hochzeitsnacht abgenommen werden – ein Siegel für die körperliche Reinheit der Frau.

Wie auch das Jungfernhäutchen. Die Bräute müssen beim Geschlechtsverkehr bluten, weil sonst ihre »Reinheit« auf dem Spiel steht und dadurch die Ehre der Familie beschmutzt werden könnte. Manche Frauen haben so große Angst davor, als unkeusch zu gelten, dass sie sich im Internet künstliche Jungfernhäutchen aus Zellulose und Kunstblut besorgen oder sich von Gynäkologen das Häutchen wieder zunähen zu lassen.

Und ihre Angst ist berechtigt. Im Jahr 2019 wurden nach der Frauenrechtsorganisation Terres de Femmes[9] in Deutschland neun Morde und drei Mordversuche von radikalen Muslimen begangen, um die Ehre der Familie wiederherzustellen. Es handelte sich dabei hauptsächlich um junge Frauen, die sich gegen eine Zwangsverheiratung wehrten, heimliche Liebschaften pflegten oder sich von ihren Männern trennten, weil sie misshandelt wurden.

Dieser Ehrbegriff ist in muslimischen Communitys in Deutschland keine Seltenheit. So interviewt Balci in ihrer Doku muslimische Jugendliche, die in Berlin zur Schule gehen. Einer erzählt, dass er sich – selbst wenn er sich in eine Frau verliebt hätte – von ihr distanzierte, wenn er erführe, dass sie vor ihm mit anderen Männern geschlafen hätte. Allein der Gedanke daran würde ihn anekeln, sagt er. Denn eine Muslimin muss sich an die Gebote

Gottes halten und »rein« sein, weil sie sonst die Ehre der Familie beschmutzen könnte. Eine andere junge Muslimin erzählt, dass Gleichberechtigung zwischen Frau und Mann im Islam ein Mythos sei. Es sei ganz klar, dass die Frau ihren Wert verliere, wenn sie Sex vor der Ehe habe.

Tatsächlich aber leiden viele Muslime unter dieser Sexualmoral. So kommen in Balcis Doku junge Menschen zu Wort, die in strenggläubigen Familien aufwuchsen. Sie erzählen, wie sie in ihrer Familie drangsaliert und misshandelt wurden, weil sie sich gegen den dort gefeierten Ehrenkodex stellten. Häufig eskalierte die Situation, sodass sie schon in jungen Jahren abrupt ihre Koffer packten, untertauchten oder den Kontakt zur Familie abbrachen – was enorm schmerzhaft ist. »Wenn du überlegst, auszusteigen, überlegst du dir das zweimal«, sagt der Psychologe Ahmad Mansour in besagter Doku. »Denn dann verlierst du nicht nur die Ideologie, sondern auch deine Familie, deine Freunde, deine Strukturen im Alltag und dein ganzes soziales Umfeld«.

Um es kurz zu machen: Das Kopftuch ist in der islamischen Welt untrennbar mit dieser rigiden Sexualmoral verbunden. Und zwar auf der ganzen Welt. Im Iran werden Frauen von der Sittenpolizei schikaniert und verhaftet, wenn sie den Hijab nicht richtig tragen. Im Winter 2020 wurde ein 19-jähriges Mädchen mit 10 Jahren Gefängnis bestraft, weil sie Fotos von sich im Netz zeigte, auf denen sie geschminkt war.[10] Das Mullah-Regime sperrte vor Kurzem auch ein junges Pärchen weg. Warum? Die Verliebten hatten sich – unverschleiert – auf einem Hausdach vor einem Sonnenuntergang geküsst und das Bild dann auf Instagram gepostet.[11] Nicht nur Regimekritiker wie der Ringer-Champion Navid Afkari werden im Iran hingerichtet, sondern auch Homosexuelle.

Vor diesem Hintergrund ist das Kopftuch eines sicher nicht: ein Zeichen der Freiheit. Aber genau das steht immer wieder in den hiesigen Medien. Da gab es etwa einen Video-Beitrag der Deutschen Welle aus dem Jahr 2018. Zu sehen waren dort vier junge Frauen mit Hijab, die sich über das negative Bild des islamischen Schleiers beschwerten. »Ich glaube, ich habe sogar mehr Freiraum als mein Bruder«, behauptete etwa die 24-jährige Jenny. »Es herrscht immer das Vorurteil, dass die Brüder oder die Väter das Sagen haben, dass sie die Frauen unterdrücken und dass die Frauen alle hinterm Herd stehen. Bei uns ist das umgekehrt, bei uns haben die Frauen die Hosen an«, beteuerte daraufhin Nadia. Dass es einen Zusammenhang zwischen der Unterdrückung der Frau und dem Kopftuch gebe, ist für die vier Gläubigen mehr als abwegig. »Es ist ein Stück Stoff, mehr nicht«, lautet das Fazit der Diskussionsrunde.

Aber auch woke Journalistinnen schweigen die misogyne Realität des Alltags im Nahen Osten gerne tot, indem sie den Hijab als modisches Accessoire ausgeben, das nichts mit der Religion zu tun habe. Auf dem Jugendportal Bento kursierte einmal ein Beitrag, in dem Hijab, Nikab und Burka in eine Reihe mit dem Kopftuch einer »schwäbischen Oma«, der Queen und sogar dem Pali-Tuch von Yassir Arafat gestellt wurden. Das Kopftuch, so heißt es dann, habe nur deswegen eine negative Bedeutung, weil alle Deutschen per se Rassisten seien und ein Problem mit dem Islam hätten.

Das ist nicht wahr. Es wäre ja schön, wenn tatsächlich die woken Redakteurinnen der deutschen Medienbranche oder die Minderheit der aufgeklärten Musliminnen die Deutungshoheit über den islamischen Schleier besäßen. Es wäre grandios, wenn die Hipster mit lässig gebundenen Kopftüchern, Lederjacke und Goldkettchen, die in den Zeitungen abgebildet werden[12], der Realität in der islamischen Welt entsprächen. Aber das ist nicht der Fall.

Eine in der FAZ veröffentlichte Studie der Vereinten Nationen zeigte neulich, wie die Realität in islamisch geprägten Ländern wie Ägypten, Libanon, Marokko und den palästinensischen Autonomiegebieten aussieht. Zitat: »Unter den Palästinensern beispielsweise sahen es achtzig Prozent als wichtigste Aufgabe der Frauen an, sich um den Haushalt zu kümmern. Ebenso viele in allen vier Ländern meinten, dass der Zugang zu Jobs zuerst den Männern vorbehalten sein sollte. Und auch dass Männer in ihren Familien den Ton angeben, also etwa entscheiden, welche Freiheiten ihre Ehefrauen genießen, was sie tragen und wohin sie gehen dürfen, wurde von mehr als zwei Dritteln aller männlichen Befragten unterstützt.«[13]

Noch einmal: Zu behaupten, dass das Kopftuch »nur eine Stück Stoff« sei, das man losgelöst von dem Patriarchat in der islamischen Welt betrachten könne, ist weltfremd. Die sexistische Symbolik des Schleiers lässt sich nicht einfach beseitigen, nur weil man selbst die Welt verbessern will. Und gerade Musliminnen, die das Kopftuch freiwillig tragen, müssen sich darüber bewusst sein, welche Bedeutung das Tuch in der Mehrzahl der muslimischen Länder einnimmt – und müssen hierzulande mit Kritik umgehen können.

Ein Blick in die Forschung: Genitalverstümmelungen verteidigen ...

Der Psychologe Ahmad Mansour berichtete[14] vor ein paar Jahren von einem Lehrer, der einem Drittklässler ein Glas Wasser auf den Tisch stellte und ihn aufforderte zu trinken. Der Grund: Der Junge sah aus, als ob er gleich vom Stuhl kippen würde, weil er trotz großer Hitze wegen Ramadan fastete. Der Junge trank den Becher in einem Zug leer. Ein paar Tage später wurde der Lehrer ins Rektorat gerufen, da der Junge seinen Eltern von dem Vorfall erzählt hatte. Die Eltern beschwerten sich dann bei der Schulaufsichtsbehörde und behaupteten, dass der Pädagoge die Religionsfreiheit nicht geachtet hätte.

Solche Vorfälle, erzählt dieser Lehrer, kämen häufiger vor. Er beobachte, wie Kinder sich weigerten, anderen Kindern die Hand zu geben, wie Mädchen nicht am Schwimmunterricht oder an Klassenfahrten teilnehmen dürften. Gleichzeitig gebe es an den Schulen Social-Justice-Fortbildungen: »Sie müssen die Religionsfreiheit würdigen« oder »Sie müssen sich interkulturell öffnen und die Regeln der anderen tolerieren und akzeptieren«, heißt es dabei immer wieder.[15]

Eine andere Lehrerin erzählte dem Psychologen, wie ein muslimischer Schüler sich geweigert habe, ihren Anweisungen zu folgen, weil er sich von »einer Frau nichts sagen« lasse.[16] Dieses Problem schilderte sie dann einem Antirassismus-Trainer, der die Schule besuchte. Sein Fazit: Nicht die orthodoxe Erziehung der Eltern sei schuld, sondern die »rassistische Denkweise« der Lehrerin. Ja mehr noch: Dass der Schüler sie sexistisch behandle, sei nur ein Protest gegen ihr rassistisches Verhalten. Sie solle sich also selbst in Frage stellen. [17]

Weiter beschreibt Mansour, wie er von einem Mitarbeiter des Jugendamtes gefragt wurde, ob es nicht »Kulturkolonialismus« sei, wenn »wir den Menschen, die hierherkommen, unsere Werte aufzwingen«. Und: »Es gibt einfach Kulturen, in denen gehört es dazu, Kinder zu schlagen und auch schon kleinen Mädchen Kopftücher anzuziehen. Und wer bin ich denn, diesen Eltern vorzuschreiben, das zu lassen?«[18], fragte der Mitarbeiter des Jugendamts.

Es ist nicht von der Hand zu weisen, dass der hier beschriebene Kulturrelativismus, der von den Aktivisten gerade in Gesellschaft und Politik vorangetrieben wird, seinen Ursprung in den Social-Justice-Disziplinen hat. Nicht nur Gewalt gegen Kinder kann somit als ein zu beschützendes Kulturgut verstanden werden. Der Hass auf den Westen und das »Weißsein«, die in dieser »Forschung« theoretisch verankert ist, geht so weit, dass selbst Genitalverstümmelungen verteidigt werden.

So behauptet die Geschlechterforscherin Anna-Katharina Meßmer in ihrer Dissertation, dass der Begriff »Genitalverstümmelung« nur deswegen eine negative Bedeutung habe, weil der Westen zu Kolonialzeiten den Orient als ein »unzivilisiertes Anderes«[19] wahrgenommen habe. Der Akt der Verstümmelung, der häufig in afrikanischen Dörfern stattfindet, ist also nicht deshalb grauenhaft, weil er es ist, sondern weil der Westen – im Glauben, dass seine eigene »moderne, aufgeklärte, heilende Medizin« die überlegenere sei – sie zu einer »barbarischen Tradition«[20] stigmatisiert habe.

Auch die Genderforscherin Daniela Hrzán fordert in ihren Artikeln dazu auf, Verständnis für Genitalverstümmelung aufzubringen. Dafür ersetzt sie den Begriff »female genital mutilation« (FGM) durch die Bezeichnung »female genital cutting« (FGC), verharmlost also »Genitalverstümmelung« zu »Genitalbeschneidung«. Warum? Bei »Genitalverstümmelung« könne der Eindruck entstehen, »dass Eltern ihre Kinder bewusst verletzen und foltern, wodurch jeglicher sozialer Kontext, in dem FGC-Praktiken eingebettet sind, ausgeblendet wird«[21].

Wieso man eine Praxis, mit der man kleinen Mädchen ohne Betäubung und unter Einsatz körperlicher Gewalt die Klitoris, manchmal auch die Schamlippen mit Rasierklingen, Messern oder Scherben abschneidet und deren Vagina anschließend zunäht – wieso man diese Praxis *nicht* als »bewusst verletzend« bezeichnen darf, verschweigt die Autorin. Ebenso, welcher »soziale Kontext« hier die begriffliche Verharmlosung einer menschenverachtenden Misshandlung rechtfertigen soll. Stattdessen ist die Genderforscherin überzeugt davon, dass ihr Ansatz »für einen kritisch-reflektierten und antirassistischen Umgang mit dem Thema« steht.[22]

Dieser Aufsatz stellt keinen Ausrutscher dar, sondern ist sogar im wissenschaftlichen Mainstream salonfähig geworden. So belehrte Hrzán auf dem 35. Feministischen Juristinnentag im Jahr 2009 Richterinnen und Rechtsanwältinnen über den »richtigen« Umgang mit der Thematik.

Ihr Hauptkritikpunkt sind die »westlichen Perspektiven« auf Genitalverstümmelungen, die mit der »Critical Race Theory« bekämpft werden sollen. Auch der eigene Fachbereich verbreitet die Thesen deutschlandweit: So wurden Hrzáns Artikel im ZtG-Bulletin veröffentlicht, der hauseigenen Publikation des Berliner Zentrums für transdisziplinäre Geschlechterstudien. 2017 wurde die Genderforscherin zudem an die Universität Trier eingeladen, um ihre »rassismuskritische« Sicht auf Genitalverstümmelungen in einem Kolloquium für Postdoktorandinnen vorzustellen.

Und auch auf Twitter gibt es mittlerweile Feministinnen, die sich für die Verteidigung von Genitalverstümmelungen starkmachen. So schrieb die Kulturwissenschaftlerin Madita Oeming Anfang 2020 auf Twitter, dass Vereine gegen Genitalverstümmelung oft ein Sammelbecken für »unangenehmen weißen Feminismus« seien.[23] Das Wort Genitalverstümmelung schreibe sie absichtlich mit Anführungszeichen, so erklärt sie, weil der Begriff eine »weiße Zuschreibung« sei und somit nahelege, dass die Körper der betroffenen Frauen »für immer verstümmelt und somit unvollständig/minderwertig«[24] seien.

... und Selbstmordattentate

Doch damit nicht genug. Weil »der Westen« den Kolonialismus zu verantworten hat, soll er auch für islamistische Attentate die Schuld übernehmen. Das konnte man in der Dissertation der Genderforscherin Claudia Brunner nachlesen, die sich mit dem

»Wissensobjekt Selbstmordattentat« befasst. Darin verurteilt sie nicht etwa die Anschläge der Hamas, des IS oder der Taliban, sondern den französischen Staat. »Freiheit, Demokratie und Gewaltfreiheit« seien im »imperialistischen Frankreich« nur »inszeniert«, behauptet Brunner.

Denn in der französischen Trikolore und dem Motto »Liberté, Egalité, Fraternité« lebe bis heute der grausame Imperialismus der ehemaligen Kolonialmacht Frankreich weiter, weil der Dreispruch zu Kolonialzeiten noch mit dem Zusatz »ou la mort!« versehen war. Gewalt wird hier also nicht mehr empirisch, sondern durch »Episteme« oder »hegemoniale Strukturen« definiert, die in bildlichen Darstellungen oder in der Sprache weiterleben. Und so analysiert Brunner nicht politische Fakten im Irak oder in Afghanistan, sondern das Cover eines Buchs über Selbstmordattentäter:

»Obwohl das Gesicht nur etwa zu einem Drittel angeschnitten ist, kann man erkennen, um wen es sich dabei eventuell handeln könnte. Man könnte darin die Züge Mohammed Attas, eines der Piloten der Anschläge auf das New York World Trade Center, sehen. Jedenfalls eignet sich diese Art der Darstellung, um einen stereotypisierten Selbstmordattentäter zu ›identifizieren‹; eine dunkle männliche Gestalt mittleren Alters, dessen rechtes Auge direkt vom Titelbild auf den Leser/die Leserin zu blicken scheint. Kein Mund ist sichtbar, der sprechen könnte, kein Körper, kein Kontext, keine weiteren Personen, keine Vergangenheit oder Zukunft angedeutet.«[25]

Nicht der Massenmord der Terroristen bei ihren Anschlägen auf das World Trade Center wird hier problematisiert, sondern die Grausamkeit des »kapitalistischen Weltsystems«[26], das einem Jihadisten auf einem Buchcover den Mund abschneidet. Unfassbar für mich: Claudia Brunner wurde für ihre Forschung mit dem Caroline-von-Humboldt-Preis für Nachwuchswissenschaftlerinnen ausgezeichnet – einem der höchstdotierten Wissenschafts-preise in Deutschland.

Eine vergleichbare Apologie des Terrorismus betreibt Judith Butler in ihrer Abhandlung »Raster des Krieges«. Im Vordergrund steht die Frage, wieso wir den Tod von Menschen im eigenen Land mehr betrauern als den Tod derer, die in entfernteren Staaten und Kontinenten leben. Die Antwort liegt auf der Hand: Natürlich sind wir mehr vom Tod unserer Angehörigen und der Personen betroffen, die uns nah und ähnlich sind, weil sie dieselbe Lebensrealität teilen. Diese Selbstverständlichkeit ist für Butler nicht ohne Grund bedeutungslos, zielt ihre Fragestellung doch in erster Linie darauf ab, islamistische Terroristen als Opfer der westlichen Demokratien darzustellen, die den Islam per se als »barbarisch oder vormodern«[27] stigmatisierten.

Und so sind für Butler nicht die Bomben, Anschläge und Suizidattacken der Jihadisten moralisch verwerflich, sondern die westliche Staatsgewalt: »Wenn wir erst einmal in der Lage sind, diese Formen der Gewalt vergleichend zu betrachten, das heißt sie als Bestandteil des heutigen Spektrums tödlicher Akte zu erkennen, wird auch sichtbar, dass die Zerstörungen und Übergriffe durch die Staatsgewalt weit schwerwiegender sind als die Wirkungen jener Akte, die in die Kategorie ›terroristisch‹ fallen.«[28]

Übrigens: Judith Butler schreibt das Wort »Terrorist« konsequent in Anführungsstrichen, weil das Wort ihrer Meinung nach nur eine Erfindung der westlichen Diskursmacht sei. Nach dieser Logik würden sich die Kinder, die etwa von der Hamas in den Jihad geschickt werden, in Luft auflösen, wenn man das Wort »Terrorist« aus dem Wortschatz streichen würde.

Die postkoloniale Täter-Opfer-Konstellation wird in der Welt der Genderforscherinnen zu einer Schablone, die man über die Wirklichkeit legt. Historische Ereignisse, politische Fakten, ja unsere gesamte Auffassung von Moral und Zwischenmenschlichkeit zählen vor diesem Binarismus nicht mehr. Es gibt nur noch »den Westen« und »die Anderen«, »die Bösen« und »die Guten«, »koloniale Ausbeuter« und »orientalische Ausgebeutete«, »die Christen« und »die Muslime«, »die Weißen« und »die Schwarzen«. Die störende Wirklichkeit wird dabei so lange zurechtgebogen, bis sie in das postkoloniale Raster passt.

Clan-Kriminalität

Man wird an die Denklogik der Geschlechterforscherinnen erinnert, wenn man untersucht, wie Journalisten und Politiker über Clan-Kriminalität in Deutschland diskutieren. Denn auch hier werden Täter zu Opfern gemacht.

Zunächst einmal: Es steht außer Frage, dass arabische Großfamilien wie Abou-Chaker, Miri, Remo oder Al-Zein für zahlreiche Verbrechen in Deutschland verantwortlich sind. So raubten die Clans in der Vergangenheit Banken aus, überfielen Geldtransporter oder klauten Goldmünzen aus Museen. Die Clans sind in muslimischen Großfamilien mit streng patriarchaler Werteordnung organisiert. Sie halten sich teilweise im Ausland auf, um Gelder nach Deutschland zu importieren und Spuren zu verwischen. Das Ziel: Geldwäsche, vor allem auf dem Immobilienmarkt.

Die Familien sind für ihre Aggressivität und Gewaltbereitschaft bekannt, mit der sie ihr Umfeld einschüchtern. Mitglieder der Clans wurden wegen Mord, Zuhälterei, Raubüberfällen, Schutzgelderpressungen, Geldwäsche und schwerer Körperverletzung angeklagt. Es handelt sich hier also um eine Mafia, die kein Problem damit hat, Menschen umzubringen und Gewalt anzuwenden, um die eigenen Machtinteressen durchzusetzen.

Die Clan-Kriminalität wurde jahrelang vom Staat ignoriert. Seit ein paar Jahren verfolgen aber einige Bundesländer eine »Null-

Toleranz-Politik«. Eines der Hauptgeschäfte der Clans ist der Verkauf von unversteuertem Shisha-Tabak, den die Familien illegal herstellen lassen und als Markentabak verkaufen. Der Markt ist lukrativ: In einer versteckten Fabrik des Al-Zein-Clans in Solingen wurde Tabak im Wert von über zwei Millionen Euro sichergestellt.

Razzien in Shisha-Bars werden also durchgeführt, weil dort Clan-Mitglieder ihre Geschäfte abwickeln und die Polizei immer wieder fündig wird. So liegt die Beanstandungsquote bei Durchsuchungen im östlichen Ruhrgebiet bei 80 Prozent. In acht von zehn Shisha-Bars werden also geschmuggelter Tabak gefunden oder andere Regelverstöße festgestellt.[29]

Die Clans sind skrupellos. So baute ein Mitglied des Remi-Clans in der Türkei mehrere Call-Center auf, die es gezielt auf die Beraubung älterer Menschen in Deutschland abgesehen hatten. Männer gaben sich am Telefon als Polizisten aus, die das Vermögen von Rentnern vor Einbrecherbande schützen wollen, und räumten dann deren Konten und Schmuckkästen leer. Auch hier: Beute in Millionen-Höhe – und Tausende von Opfern.

Der Erfinder dieser Methode soll mit anderen Call-Center-Betrügern dann ein Video des Gangster-Rappers »Mudi«[30] produziert haben[31], in dem der Sänger in cooler Gangster-Manier einen Hotelbesitzer ausraubt, seine schwangere Ehefrau betrügt und ihr dann ins Gesicht schlägt.

Das ist die Realität der arabischen Clans im Jahr 2020

Aber auch diese Fakten müssen dem postmodernen Weltbild weichen. So vergaben die »Neuen deutschen Medienmacher« (NDM), – ein Bund aus Journalisten, die sich für mehr Diversität im Journalismus einsetzen – ihren Preis für die schlechteste Berichterstattung an Spiegel TV. Denn das Format berichte rassistisch über die Clan-Kriminalität, weil es »eine Minderheit stigmatisiere« und »Kriminalität kulturalisiere«[32].

Es gebe gar kein großes Problem mit den Shisha-Bars, heißt es in dem Video zur Preisverleihung der NDM, weil man bei den Razzien »nur ein paar Kilos unversteuerten Tabak« finden würde. Dazu behaupten sie, dass die Polizei durch ihre Kontrollen die Bars und die »unbescholtenen Bürger«, die sich dort aufhielten, als »Anschlagsziele« für Rechtsterroristen »markieren« würde. Schließlich listen sie alle Zeitungen auf, die in der Vergangenheit kritisch über die Verbrechen der Clans berichtet haben, und stellen sie ebenfalls in die rechte Ecke.[33]

Ähnliches geschah in einem Beitrag von Frontal 21. Die Kriminalitätsstatistik wird von der Polizei absichtlich gefälscht, wird hier behauptet, indem man Straftäter allein aufgrund ihres Nachnamens zu den Clan-Familien zählt. Selbst ein Jugendlicher, der »aus Langeweile einen Schokoriegel geklaut hat«[34], aber zufällig »Remi« heißt, würde somit zum Clan-Verbrecher werden. Das sei eine »diskriminierende Fahndungspraxis«, weswegen man aufhören solle, Clan-Kriminalität anhand des Familiennamens zu erfassen, beschwerte sich der Journalist Ahmjahid.

Diese Doku huldigt einem Aktivismus, der mit Schuld, schlechtem Gewissen und Populismus operiert. So werden hier eine Kellnerin und ein Shisha-Bar-Besitzer in der Sonnenallee interviewt, die sich durch die harten Kontrollen »krass stigmatisiert« fühlten, wodurch es nur zu »Frustration und Enttäuschung« im Berliner Kiez käme. Zudem fordere die Polizei mit ihren Razzien in Shisha-Bars Rechtsterroristen auf, Anschläge wie die in Hanau zu begehen. Man solle die Clans also lieber gewähren lassen, weil sonst Menschen durch rechten Terror sterben könnten.

Doch nicht nur einige Medien verteidigen Straftäter, wenn sie zu einer Minderheit gehören. Auch Berliner Politiker stellen sich gegen die Bekämpfung der Clans. So forderte die AG Migration der Berliner SPD, dass der Begriff »Clan-Kriminalität« ersatzlos eliminiert werden solle, weil er dem Konzept des »Racial Profilings« entspreche[35]. Das solle zu einer »gleichberechtigten Teilhabe und einem diskriminierungsfreien Klima beitragen«.

Das ist im Prinzip das Gleiche wie bei Judith Butler und dem Wort »Terrorist«. Man cancelt unangenehme Dinge, die nicht der Täter-Opfer-Ideologie entsprechen, aus dem Sprachgebrauch, womit das Problem erledigt ist. Alle Opfer von Gewalt, Terror und Erpressung sind dann einfach nicht mehr existent.

Israel-Hass

Es gibt einen auffallend blinden Fleck im Social-Justice-Aktivismus. Denn während man sich lautstark über die Diskriminierung von Muslimen, Migranten und Queers beschwert, herrscht eine große Stille, wenn es um die Rechte von Juden geht.

Das aber ist bizarr. Denn der Aktivismus folgt ja der Annahme, dass mörderische Ideologien aus der Vergangenheit bis heute als »unbewusste Struktur« in der Gesellschaft weiterleben und bekämpft werden sollen. Hier wird immer nur der Kolonialismus genannt. Aber was ist mit dem Holocaust? Die Nazi-Ideologie, die den Tod von Millionen Juden zu verantworten hat, ist noch keine hundert Jahre alt und hat ihren Ursprung hier in Deutschland. Wo sind also die Checklisten etwa des DLF, mit denen man den eigenen Judenhass infrage stellt?

Die Antwort ist einfach: Es gibt keine. Denn die Social-Justice-Warriors sind teilweise so stark mit der Dämonisierung des Staates Israels beschäftigt, dass man sich fragt, ob die Aktivisten nicht doch ein Problem mit Juden haben.

Es ist nur legitim, die Siedlungspolitik des israelischen Staatspräsidenten Benjamin Netanjahu zu kritisieren. Das Bild Israels als Apartheid-Staat, der sich nicht an demokratische Prinzipien halten würde und Palästinenser, Araber und Muslime aus einer rassistischen Haltung heraus systematisch unterdrückt, entspricht aber nicht den Tatsachen.

Das habe ich selbst gesehen, als ich im Dezember 2020 an einer Influencer-Reise nach Israel teilnahm. In einer Sodastream-Fabrik etwa arbeiten jüdische Israelis neben muslimischen Palästinensern, die jeden Tag aus dem Westjordanland die Grenze passieren oder in der benachbarten Beduinen-Gemeinde leben. Viele muslimische Beduinen aus Rahat verurteilen die israelische Regierung scharf dafür, dass man ihnen nicht mehr Autonomie zugesteht. Auch viele LGBTQs – die jedes Jahr in Tel-Aviv den CSD feiern – kritisieren die Siedlungspolitik, während an israelischen Universitäten Forschungsarbeiten verfasst werden, die hart mit israelischen Soldaten ins Gericht gehen.

Kurz: Israel ist eine Demokratie, in der Queers, Frauen, Männer, Juden, Araber und Muslime frei ihre Meinung äußern dürfen, gemeinsam zur Schule gehen und in Krankenhäusern nebeneinander geboren werden. Natürlich gibt es in Israel auch Rassismus. Ein totalitärer Staat, der eine »Apartheid-Politik« betreibt und »ethnische Säuberungen« durchführt, ist Israel aber definitiv nicht.

Aber genau dieses Bild wird von woken Aktivisten immer wieder befeuert. Da gibt es etwa das queere Bündnis »Berlin against Pinkwashing«, das in der Vergangenheit auf dem alternativen Christopher Street Day auftrat. Die Tatsache, dass in Israel LGBTQs frei leben könnten, sei – so die Pinkwashing-Leute – nur eine Verschleierungstaktik der »Zionisten«. Der Staat setze sich nur deswegen für Queers ein, um von der eigenen kolonialen Ausbeutung der palästinensischen Autonomiegebiete abzulenken und die arabischen Nachbarstaaten als rückständig dastehen zu lassen.[36] Im Grunde fordern die Vertreter des Pinkwashings Israel auf, die eigenen LGBTQs zu unterdrücken, um sich nicht des Kolonialrassismus schuldig zu machen.

Das Bündnis ist mit dieser Forderung nicht alleine. Auch die renommierte Geschlechterforscherin Jasbir Puar forderte vor ein paar Jahren im Guardian, dass man Israels »Image als liberale Gesellschaft der Toleranz« als »Mechanismus erkennen sollte, durch den eine liberale Demokratie ihre eigenen totalitären Regime rechtfertigt«.[37] Mit dem Titel »Beware Israeli Pinkwashing« hielt die Forscherin zudem einen Vortrag an der HU Berlin, wo ihre Schriften auch in Seminaren behandelt[38] werden.

Unterstützt wird Puar von Judith Butler. Denn auch sie hegt ein Ressentiment gegenüber Israel, was sich in ihren Plädoyers für die BDS-Kampagnen zeigt. Man solle die BDS im Kampf gegen Rassismus unterstützen, weil die Kampagne eine »neue solidarische Allianz für mehr soziale Gerechtigkeit« darstelle, schrieb sie in einem Essay.[39] Zur Information: Die »BDS«-Bewegung (Boykott, Divestment and Sanctions) ist eine Organisation, die von der terroristischen Hamas und der Volksfront zur Befreiung Palästinas (PFLP) unterstützt wird und zur Vernichtung Israels durch internationale Handelsboykotte und Desinvestitionen aufruft.

Butler teilt zudem die These Puars, dass Menschen, die Kritik an der Unterdrückung von Queers in islamischen Staaten üben, sich »rechter Homophobie«[40] schuldig machen. Aus diesem Grund lehnte Butler einen Preis der Berliner Schwulenparade (CSD) ab. Öffentlich bekundete die Philosophin zuvor, dass sie die Hamas und Hisbollah als »progressiv« und »Teil der globalen Linken«[41] sehe, die »gegen Imperialismus und Kolonialismus«[42] kämpften. Die Burka bewertet die Feministin als eine »Übung in Bescheidenheit und Stolz« – eine »wichtige kulturelle Praktik«, die »Schutz vor Scham« symbolisiere und deren Verlust zu »Entfremdung und Zwangsverwestlichung«[43] führe.

Das Kuscheln mit Islamisten und der Hass auf Israel stößt nicht zufällig in der woken Szene auf Zustimmung. Denn Israel wird mit Hilfe der Social-Justice-Theorien gerne als ultimativer Vertreter des westlichen Kolonialismus angesehen, den es auf dem Weg in eine antirassistische Gesellschaft zu bekämpfen gilt. So werfen Vertreter des Postkolonialismus dem Staat häufig einen Siedlungskolonialismus (settler colonialism) vor. Der Begriff bezeichnet die komplette Auslöschung einer Ethnie durch die Besatzung einer Imperialmacht, bei der die Siedler die Vernichtung der Ureinwohner mit der eigenen kulturellen und »rassischen« Überlegenheit begründen. Die Siedlungspolitik Israels wird so in eine Reihe mit den kolonialen Gräueln der vor allem britischen Eroberer bei der Entdeckung Amerikas und Australiens gestellt.

Diese These kann man in der Doktorarbeit der Kulturwissenschaftlerin Lila Sharif nachlesen, die von dem Graduiertenkolleg »Berlin Graduate School Muslim Cultures and Societies« der FU Berlin eingeladen wurde.[44] In ihrer Arbeit verwendete sie BDS-Propaganda als Quellenmaterial, mit dem sie Israel – »den neoliberalen Zionisten«[45] – die komplette Auslöschung des palästinensischen Volkes durch »ethnische Säuberungen« unterstellte.

Doch das Ressentiment hört hier nicht auf. Vielmehr arbeiten einzelne Social-Justice-Aktivisten daran, den Holocaust mit Hilfe der postkolonialen Theorie kleinzureden. Wie etwa der Theoretiker Achille Mbembe, der die Siedlungspolitik Israels nicht nur mit der Apartheid in Südafrika[46], sondern auch mit den Genoziden der Nationalsozialisten[47] vergleicht.

Die Aktivistin Rokhaya Diallo zeigte auf Twitter, was hinter diesen Relativierungsversuchen steckt. Dort bewarb sie einen Artikel mit dem Titel »Wieso es keinen anti-weißen Rassismus gibt« und kommentierte ihn mit folgenden Worten: »Niemals wurden Weiße wegen ihrer Hautfarbe als Gruppe von politischen Kräften unterdrückt, die aus nicht-weißen Minderheiten bestand und sich an ihnen bereicherte. Niemals fielen sie Rassentheorien zum Opfer, die sich in institutionellen Praktiken manifestierten.«[48] Diese Aussage kann man entweder als extrem naiv oder als Holocaust-Leugnung bezeichnen. Als User der Aktivistin Letzteres vorwarfen, präzisierte sie ihren Tweet. Sie erklärte dann, dass Juden während der Shoa nicht wegen ihrer Hautfarbe und somit »nicht als Gruppe«[49] hingerichtet wurden.

Hier sieht man, wohin die obsessive Abneigung gegen »den Westen« oder »das Weißsein« führt: Dass man selbst den Opfern der Shoa die Zugehörigkeit zu einer diskriminierten Randgruppe abspricht – weil sie eine weiße Haut haben.

Feindlich gegenüber Israel, offen gegenüber islamistischem Terrorismus – diese Haltung findet man auch im »Center for Intersectional Justice« wieder. Die Berliner NGO wurde von Kimberlé Crenshaw gegründet und will gegen »Anti-Diskriminierung« und »strukturelle Ungleichheiten in Europa« ankämpfen. Das Ziel: Intersektionalität auf allen Ebenen – und in ganz Europa.

Im Executive Board der Organisation findet man nicht nur Rokhaya Diallo wieder, sondern auch Fatima Zibouh. Der Belgierin werden Verbindungen zu Tariq Ramadan und somit zu der Muslimbruderschaft nachgesagt. Auch unterzeichnete sie im Jahr 2014 einen Aufruf zu einer Demonstration für die Unterstützung von Gaza. In diesem Aufruf wird erzählt, dass es vor ein paar Jahren auf Anti-Israel-Demos noch üblich gewesen sei, Plakate in die Luft zu halten, auf denen ein Judenstern neben einem Hakenkreuz abgebildet gewesen sei. Das könne schockieren, aber sei nicht antisemitisch.

Es sei löblich, erzählt Fatima Zibouh weiter, dass die protestierenden Muslime nun auf die Gleichsetzung der »kriminellen Politik von Netanjahu« mit dem jüdischen Volk insgesamt verzichteten, weil »die israelische Propaganda« und die »jüdischen Gemeinden« den Menschen weismachten, dass alle Juden auf der Seite Israels stünden – wodurch sie den Judenhass überhaupt erst schürten.[50] Also: Nicht die radikalen Muslime, sondern israelische Politiker und die jüdischen Gemeinden sind schuld am Antisemitismus – und damit die Juden selbst.

Es ist klar, welche Identitäten im »Center for Intersectional Justice« vor allem geschützt werden sollen: die von islamistischen Terroristen. So wurde im Jahr 2019 der PFLP-Terroristin Rasmea Odeh von der Berliner Senatsverwaltung das Visum entzogen. Sie wollte einen Vortrag über die Befreiung Palästinas halten, war aber in den 60ern bei einem Anschlag in Israel beteiligt, bei dem zwei Menschen ums Leben kamen. Die Senatsverwaltung verbot der Islamistin, sich in Berlin politisch zu äußern. Unter dem Motto »Rasmea spricht! Palästinensische Frauen werden nicht zum Schweigen gebracht!« wurde Odeh dann dennoch aufs Podium geholt – mit der Unterstützung des Center for Intersectional Justice.[51]

Im Advisory Board der Organisation sitzt unter anderem die Feministin Chandra Talpade Mohanty. Auch sie unterstützt Odeh und die BDS-Kampagne, unterstellt Israel ethnische Säuberungen und erzählt in Blogeinträgen davon, wie sie mit befreundeten Akademikern nach Gaza reiste, um dem »fesselnden Bericht«[52] eines vorbestraften »islamistischen Führers«[53] über seinen Kampf gegen Israel zu lauschen.

Auch die deutsch-türkische Autorin Kübra Gümüşay macht bei der NGO mit. Die Muslimin hat im Januar 2020 ein Buch veröffentlicht, das die Bundeszentrale für politische Bildung in ihre Schriftenreihe aufgenommen hat und von »Progressiven« als Plädoyer für mehr Toleranz und Diversität gelobt wird. Hier erklärt sie, dass weiße Menschen nicht in der Lage seien, über die »Begrenztheit ihrer Perspektive«[54] hinauszudenken und sich tolerant gegenüber Migranten zu verhalten.[55] Muslime und Migranten hätten indes »tatsächlich etwas von Bestand und Relevanz zu erzählen«[56]. Nur mit der speziellen Perspektive »der Anderen« könne man auch zu »neuen Formen des gemeinsamen Sprechens und Denkens«[57] finden.

Diese neue Sprache bezieht sich, so geht es weiter, vor allem auf die Forderungen der postmodernen Sprachaktivisten. So schlägt die Autorin indirekt vor, Wörter wie »Indianer«[58] und auch »Gutmensch«[59] aus dem deutschen Vokabular zu streichen, und betont, dass Personen, die keine politisch korrekte Sprache verwenden wollten, sich zur »Ächtung von Menschen«[60] bekennten und sich bewusst gegen Gerechtigkeit positionierten.

Von der Frauenunterdrückung im Iran, in Afghanistan, im Irak und in Saudiarabien schreibt Gümüşay kaum etwas. Über die Situationen dieser Frauen habe sie lange nicht einmal Bescheid gewusst, erklärt sie in ihrem Buch und beteuert: »Das ist nicht mein Islam.«[61]

Das erstaunt. Denn im Jahr 2016 hielt Gümüşay einen Vortrag im Islamischen Zentrum Hamburg, einer Organisation, die enge Kontakte zum iranischen Mullah-Regime pflegt. Auch bei der islamistischen Gemeinde Millî Görüş trat sie im gleichen Jahr als Rednerin auf. Zwar betont Gümüşay, dass sie zu ideologischen Gruppen keine Kontakte pflege. Explizit distanziert sie sich von den Extremisten aber bis heute nicht.

Die Agenda von Feministinnen wie Gümüşay ist klar: Sie treten in der Öffentlichkeit mit einem streng gebundenen Kopftuch auf, das in der islamischen Welt für eine ultrareaktionäre Islamauslebung steht – behaupten aber, dass das Unbehagen, dass man bei dem Dresscode empfinde, nur an dem Diktat des westlichen Kolonialrassismus liege.

Das größte Problem am woken Aktivismus ist, dass er Medien dazu bringt, Akteurinnen wie Gümüşay ausschließlich als Opfer von Rassismus darzustellen. Sie werden zu Kopftuch-Maskottchen degradiert, deren Meinung man besser teilt, weil sie einem

»anderen« Kulturkreis angehören, den es als privilegierter Weißer zu respektieren gilt. Jede Kritik an solchen Personen wird häufig als rassistisch abgestempelt. Aber diese Frauen sind keine Kinder. Sie wissen genau, welche Inhalte und Symbole sie mit ihrem Aktivismus in die Welt tragen. Und es muss möglich sein, ihre Haltung zum extremistischen Islam in Frage zu stellen – ohne sofort als »Nazi« dazustehen.

»Du bist ein Nazi!«

Vor ein paar Jahren wurde ich als Rednerin zu einer Veranstaltung eingeladen. Die Initiative »Berlin gegen Islamismus« veranstaltete ein Jahr nach dem Terroranschlag am Berliner Breitscheidplatz eine Kundgebung. Es sollte kritisch um das Beschwichtigen von Islamismus in der Politik gehen, vor allem was die Kooperation mit extremistischen Islamverbänden und Moscheengemeinden angeht. Die Veranstalter waren eine Gruppe von linken Studenten, die gerne Horkheimer und Adorno zitieren und häufig die Berliner Clubs besuchen.

Am Tag nach der Kundgebung veröffentlichte die taz einen Bericht mit der Überschrift: »Mit der AfD gegen Islamismus«. Im Publikum hatte die Autorin der taz klatschende AfD-Abgeordnete und Mitglieder der Identitären Bewegung erkannt. Zudem habe wenige Meter daneben eine Kundgebung der NPD stattgefunden. Für die Autorin waren das genug Fakten, um die gesamte Veranstaltung als rechtsextrem einzustufen.

Aber damit nicht genug. Die Journalistin fabrizierte auch Fake News. Keiner der Redner habe sich von den Identitären und der AfD distanziert, schrieb sie. Und: »Zwischen Islamismus und Islam wurde kaum unterschieden«. Dabei sprachen sich fast alle Redner mehrere Male gegen die AfD und die extreme Rechte aus oder warnten davor, einer Religion insgesamt einen Stempel aufzudrücken. Die Identitären wurden von den Veranstaltern in Absprache mit der Polizei zudem des Platzes verwiesen.

Damals schockierte mich die Berichterstattung der taz. Ich fing gerade an, meine ersten Artikel zu schreiben, und war bestürzt, dass Menschen, die ab jetzt meinen Namen googeln würden, auf einen vermeintlich seriösen Artikel stießen, der mich – obwohl ich mich ganz klar positionierte – in eine Reihe mit den Identitären, »Neonazis« und der AfD stellte. Mittlerweile habe ich einen dicken Pelz. Damals fühlte sich die Geschichte aber für mich schrecklich an.

Genau dieses Gefühl ist der Grund, wieso nur wenige Menschen eine differenzierte Islamkritik betreiben: weil sie von Aktivisten, die eigentlich für Diversität, Pluralität und Meinungsfreiheit stehen, mit dem Rassismusvorwurf ins Schweigen gezwungen werden. Und so wird das gesamte Themengebiet nicht nur mit einem Sprechverbot belegt. Es wird auch der extremen Rechten für ihre menschenverachtende Propaganda überlassen.

Natürlich gibt es Feministinnen wie Alice Schwarzer, das Magazin »Emma« oder die Frauenrechtsorganisation »Terres des Femmes«, die sich regelmäßig gegen Repressionen im Islam aussprechen, indem sie ein Kopftuchverbot für junge Mädchen fordern oder auf Ehrenmorde und Zwangsehen aufmerksam machen. Schwarzer und die Frauen von Terres des Femmes sind Feministinnen des alten Schlages. Sie erkämpften in den 70ern das Recht auf Abtreibung, schafften den Paragrafen 175 ab und führten einen erbitterten Kampf gegen die Chauvinisten, die Frauen sämtliche Rechte absprachen und Queers als »pervers« abstempelten. Die Freiheit, von der Frauen und Queers heute profitieren, ist diesen Frauen zu verdanken.

Umso mehr verstört es mich, wie Schwarzer und Co. von linken Journalisten diffamiert werden. So wurde Alice Schwarzer und der »Emma« in einem Artikel der Süddeutschen Zeitung vorgeworfen, dass sie »Instrumente eines rassistischen Rechtfertigungsdiskurses«[62] bemühten. Der Anlass: Das Magazin hatte einen Artikel publiziert, in dem Frauen aus Chemnitz die sexuellen Übergriffe von Flüchtlingen anprangerten.

Wie in dem genannten taz-Artikel enthielt der Text in der Süddeutschen kein einziges inhaltliches Argument. Stattdessen liest man dort, dass die »Emma« auf Social Media viele Follower von »rechtskonservativen Bloggern«, der »AfD und anderen rechten Organisationen« habe. Die Äußerung Schwarzers, dass der Islamismus »eine politische Gefahr im Weltmaßstab« darstelle, setzte die Autorin des Artikel sogar mit dem Feindbild von Rechtsextremisten gleich. Ergo: Schwarzer ist »rechts«, weil sie die falsche Followerschaft hat und sich – wie die »Nazis« – gegen Islamismus ausspricht.

Mediale Aufmerksamkeit erregte eine Veranstaltung an der Uni Frankfurt, auf der kritisch über das Tragen des Kopftuchs diskutiert werden sollte. Ein Bündnis mit dem Namen »Studis gegen rechte Hetze« versuchte die Veranstaltung zu sprengen und hielt Plakate mit »Dönermorde« oder »NSU« hoch und verteilte Flyer mit Aussagen wie »Das Problem heißt Rassismus, nicht Kopftuch«[63]. Die Störer waren so aggressiv, dass sogar die Fäuste flogen und die Polizei kommen musste. Das Angebot zu diskutieren, lehnten die Protestierer ab.

Der Grund für den Hass seitens der teilweise muslimischen Aktivisten war die Kulturwissenschaftlerin Naïla Chikhi, die an der Diskussion teilnahm. Eine liberale Muslimin also, die sich gegen das Kopftuch und den politischen Islam ausspricht und die Repressionen am eigenen Leib erfahren hat. In den 90ern musste ihre Familie aus Algerien fliehen, weil ihre Eltern säkulare Demokraten waren und wegen ihrer politischen Positionen von Islamisten bedroht wurden. Das Argument, dass Chikhi eine »rechte Hetzerin« sei, hätten »die Islamisten in Algerien auch schon gegen uns Demokraten«[64] verwendet, erzählt sie in einem Interview. »Damals hat man uns gesagt, wir Feministinnen hätten uns an Frankreich verkauft«.

Die Doppelmoral der Aktivisten ist evident. Zwar behaupten sie, sich für den Schutz und die Rechte von Muslimen starkzumachen. Gleichzeitig verbieten sie muslimischen Frauen, die vor Gewalt und Terror geflohen sind, den Mund und diffamieren sie als Menschenfeinde – einfach nur, weil sie über ihre Erfahrungen reden wollen. Was hat das noch mit einem Kampf »gegen rechts« zu tun?

Aber auch Politiker teilen gerne mit der Rassismuskeule aus. Besonders inhaltsleer wurde die linke Journalistin Güner Balci angegriffen, als ihr der Posten der Integrationsbeauftragten angetragen wurde. Balci setzt sich für die Rechte von Frauen, Queers und jungen Muslimen ein, kritisiert aber den extremistischen Islam. Damit hatten vor allem die Berliner Linken ein Problem. Weil sie aber keine Argumente gegen die engagierte Feministin hatten, stellten sie Balci in die rechte Ecke, indem sie ihre Äußerungen aus dem Zusammenhang rissen. »Frau Balci ist für Aussagen wie ›Der Islam ist eine geladenen Waffe‹ bekannt«[65], so die Neuköllner Linke. In Wahrheit sagte Balci, dass »der Islam, so wie er heute von vielen interpretiert wird, aufgrund des Mangels an kritischer Auseinandersetzung eine geladene Waffe« sein könne.

Die Linken warfen der Journalistin zudem vor, den umstrittenen Autor Thilo Sarrazin zu unterstützen.[66] Auch das ist falsch. Die Journalistin stellte dem Autor kritische Fragen und forderte ihn bei einem Spaziergang in Berlin-Kreuzberg dazu auf, sich vor den Menschen zu rechtfertigen, die er in seinem Buch pauschal abwertete.

Die Journalisten, Politiker und Aktivisten erinnern bei ihren Diffamierungsversuchen an muslimische Fundamentalisten.

Denn diese machen sich die Social-Justice-Ideologie gerade zu eigen, um jegliche Kritik am extremistischen Islam als Rassismus abzustempeln. Und wie bei »White Fragility« und »White Tears« geschieht das, indem man Begriffe erfindet – wie etwa »Islamophobie« oder »antimuslimischer Rassismus« –, um der Diffamierung ein wissenschaftliches Gewicht zu verleihen.

Nun steht es außer Frage, dass es keine geringe Muslimfeindlichkeit in Deutschland gibt. Extrem rechte Kräfte schüren die Angst vor einer Islamisierung Europas oder setzen Muslime pauschal mit Straftätern oder Terroristen gleich, was dazu führt, dass etwa kopftuchtragende Musliminnen ausgegrenzt, beleidigt oder angegriffen werden. Natürlich muss sich die Forschung mit diesen Formen des Fremdenhasses beschäftigen, zumal der NSU und die Anschläge in Hanau bewiesen haben, dass sich dieser Hass in Deutschland schnell in blutigen Terror verwandeln kann.

In der Vergangenheit verwendeten aber radikale Muslime die oben genannte Begriffe, um alle Kritiker des Islams der Menschenverachtung zu bezichtigen. Das geschieht mitunter mit finanzieller Unterstützung der EU – wie zum Beispiel beim »Europäischen Islamophobie-Report 2018«. Die Herausgeber Farid Hafez und die Stiftung für politische wirtschaftliche und gesellschaftliche Forschung (Seta) pflegen nicht nur enge Verbindungen zur türkischen Regierungspartei AKP. Seta veröffentlichte auch eine Liste mit ausländischen Journalisten, die sich kritisch gegenüber dem Despoten Erdoğan geäußert hatten.[67]

Die liberale Muslimin Seyran Ateş wurde von Hafez als »zentrale Figur im Islamophobie-Netzwerk«[68] bezeichnet. Wissenschaftler, Theologen und Journalisten wie Susanne Schröter, Ahmad Mansour und Mouhanad Khorchide, die sich kritisch mit dem Islam auseinandersetzen, wurden ebenfalls als »islamophob« abgewertet und in einen Topf mit rechtsextremen Muslim-

Hassern geworfen. Das Gleiche geschah mit Wissenschaftlern aus der Schweiz und Österreich, die sich für ein Kopftuchverbot an Grundschulen ausgesprochen hatten.[69]

Eine Autorin des Islamophobie-Reports stempelte sogar einen Kippa-Flashmob als »islamophob« ab, der sich nach der Attacke auf einen kippatragenden Israeli in Berlin gebildet hatte. Der Grund: Einer der Organisatoren habe »die Idee von Antisemitismus als ›muslimisches‹ oder ›arabisch/türkisches‹ Problem« vorangetrieben.[70]

Der Begriff »Islamophobie« passt gut in die Täter-Opfer-Ideologie der Social-Justice-Disziplinen. So berichtete die FAZ darüber, wie die damalige Programmleiterin des Jüdischen Museums in Berlin eine Konferenz mit dem Namen »Living with Islamophobia« veranstaltete, auf der nicht nur BDS-Unterstützer auftraten, sondern auch allen Weißen per se Islamophobie unterstellt wurde.[71]

Das ist bezeichnend: Hier wird der Islam als »Rasse« oder biologisches Merkmal verstanden, das an einer Person haftet wie die Hautfarbe. Eine Unterscheidung zwischen politischem Islam und friedlicher Religionsausübung wird somit verhindert. Jeder, der einen muslimischen Fundamentalisten für seine religiöse Praxis kritisiert, ist also das gleiche wie ein Rassist, der einen Schwarzen wegen seiner Hautfarbe angeht. Also bleibt nur eine Lösung: Entweder man befürwortet die Religion und somit auch den Extremismus – oder man ist ein Rassist.

Schweigen über Islamismus

Nach dem Tod von George Floyd gingen monatelang auf der ganzen Welt Aktivisten auf die Straße. Statuen wurden geköpft, Läden ausgeraubt, Schulen und Straßennamen umbenannt und die einzige Frau im Adidas-Vorstand gefeuert. Filmstars posteten auf Social Media Videos, in denen sie in Tränen ausbrachen, Demut bekundeten oder sich für ihre Hautfarbe schämten.

Zeitungen publizierten jede Woche Dutzende Beiträge über die Ursache von Rassismus. Weiße, die keine schwarzen Freunde haben, die Frage »Wo kommst du her?«, zu wenig Schulbücher, Filme und Literatur, die Schwarze als Opfer darstellen, wurden häufig als ultimativer Grund für rassistische Gewalt gesehen. Ich hatte hin und wieder das Gefühl, als sehnten sich deutsche Aktivisten die Polizeigewalt gegen Schwarze in den USA regelrecht herbei, um endlich einen Grund zu haben, die Entmachtung des weißen Mannes in die Praxis umzusetzen.

Ein paar Monate später wurde der französische Lehrer Samuel Paty auf offener Straße von einem Islamisten enthauptet. Paty hatte in seinem Unterricht Mohammed-Karikaturen gezeigt, um mit seinen Schülern über Meinungsfreiheit zu diskutieren.

Es war verräterisch, wie die Aktivisten, die monatelang wegen rassistischer Gewalt auf die Straße gegangen waren, nach dieser Tat schwiegen. Auch als kurze Zeit später ein Islamist drei weitere Menschen in Nizza enthauptete und ein ISIS-Anhänger in der Wiener Innenstadt Passanten erschoss, blieb es still in der Szene. Keine Social-Media-Kampagnen, keine Statements, keine Demonstrationen, keine ausgedehnten Analysen über die Ursache von Islamismus, keine Tränen, Trauer oder Wut.

Aber ich will den Aktivisten kein Unrecht tun, denn einige meldeten sich doch. Allerdings ging es dann häufig darum, die Schuld an den Terrorattacken wieder »dem Westen« oder der »rassistischen Struktur« in die Schuhe zu schieben. »Wer bei islamistischen Anschlägen in Frankreich hastig auf Landkarten nach ›der Herkunft‹ sucht, sollte sich zusätzlich die französische Kolonialgeschichte dazu anschauen«[72], twitterte etwa der Autor Mohamed Amjahid. Zudem solle man sich fragen, welche »gesellschaftlichen Strukturen«[73] im Westen dazu führten, dass sich junge Menschen radikalisierten.

Diese Ansicht hat auch die deutsche Politik erreicht. So veranstaltete der Grünen-Politiker Robert Habeck nach den genannten Anschlägen einen Online-Talk mit der muslimischen Feministin Lamya Kaddor. Dort sprachen sie sich zwar gegen Islamismus aus, diskutierten aber gleichzeitig darüber, ob man das Wort »Islamismus« überhaupt noch verwenden solle. Der Grund: Der Begriff »Islam« im Wort könne »das Narrativ der Islamfeindlichkeit« stärken. Also solle man besser von »dschihadistischem Terrorismus« sprechen.

Die Radikalisierung von Muslimen, so Kaddor, würde zudem nicht in Moscheengemeinden stattfinden, sondern im Internet. Diese Behauptung ist für die Diskussion des Problems unerheblich. Aber Habeck ging es auch gar nicht darum, über Fakten zu diskutieren. Stattdessen wurde die Schuld am islamistischen Terror in der deutschen Gesellschaft gesucht. Es seien der »Alltagsrassismus«, die »Mikroaggressionen« der Deutschen und die Propaganda der AfD, die alle Muslime in die Arme der Extremisten treibe. Fazit des Talks, den Habeck auf Instagram streamte: Man solle das Thema »Islamismus« in den Medien nicht »überthematisieren«.

Derartige Beschwichtigungsversuche sind keine Lappalie. Denn die Grünen übernehmen hier die Propaganda der Islamisten, die sich immer wieder als Opfer von Rassismus und Leidtragende der westlichen Werte und Kultur inszenieren. Und auch viele Medien machten sich diese Propaganda zu eigen.

Doch der Reihe nach

Nach dem Mord an Samuel Paty verteidigte Macron mit Nachdruck die Meinungsfreiheit und mit ihr das Recht, Mohammed-

Karikaturen zu veröffentlichen. Zudem betonte er, dass sich der Islam in einer Krise befinde, woraufhin der türkische Präsident Erdoğan dem Franzosen eine psychische Störung unterstellte und zum Boykott französischer Waren aufrief.

Die Satire-Zeitschrift Charlie Hebdo veröffentlichte daraufhin eine Karikatur, auf der Erdoğan in Unterhose – und mit einer Dose in der Hand – den Rock einer verschleierten Frau entblößt, sodass man ihr nacktes Hinterteil sehen kann. Die Frau sagt lachend: »Ohhh! Der Prophet!«. Die Überschrift der Karikatur: »Privat ist Erdoğan eigentlich ganz witzig«.

Das missfiel nicht nur Erdoğan, sondern auch einigen deutschen Zeitungen. So teaserte die taz auf Twitter einen Text über Macron mit der Behauptung an, dass der Franzose den islamistischen Mord »zu einer Grundsatzfrage«[74] aufbausche. Macron habe aus dem islamistischen Attentat einen »Staatsakt« gemacht, warf die taz dem französischen Präsidenten vor, und liefere Erdoğan somit eine »Steilvorlage für Populismus«. Ergo: Man solle lieber nicht zu laut gegen den türkischen Präsidenten aufbegehren, weil man sonst islamistische Terroristen zu sehr anstacheln könnte.

Wenn man sich weiter mit dem Artikel befasst, sieht man, um was es seinem Autor eigentlich geht: Man riskiere mit einem zu harten Kurs gegen islamistischen Terror, alle Muslime zu Extremisten zu degradieren, heißt es da. Hier wird deutlich, wie die Angst vor Rassismus den nüchternen Blick auf Politik versperrt: Die Angst davor, Muslime in Deutschland auszugrenzen, ist so stark, dass Journalisten die Propaganda eines Despoten übernehmen, der Macrons Widerstand gegen den Terror als eine »antimuslimische Agenda«, »Feindseligkeit gegenüber Türken und dem Islam«, als »kulturellen Rassismus«, ja sogar als eine »Neuauflage der Kreuzzüge«[75] verteufelt.

Auch Spiegel Online bezeichnete Macron vor dem zweiten Attentat in Nizza als »Verlierer des Tages«. Der Franzose habe sich

»etwas ungeschickt in einen Konflikt mit mehrheitlich muslimischen Staaten begeben« und »auch im eigenen Land Wunden aufgerissen«[76], prangerte man hier an.

Am krassesten war jedoch ein Bericht, den die »Associated Press« (AP) über Macrons Verteidigung der Pressefreiheit veröffentlichte. Darin konnte man lesen, dass eigentlich Frankreich die Schuld am islamistischen Terror trage, weil das Land eine »Doktrin der »Colorblindness«[77] verfolge und sich durch die Laizität für eine säkulare Gesellschaft starkmache.

Vor allem der Begriff der »Colorblindness«, auf den sich die AP hier bezieht, sollte einem zu denken geben. Denn der Begriff kommt, wie mehrfach beschrieben, aus den Social-Justice-Disziplinen. Hier macht sich also die größte Nachrichtenagentur der Welt die Ideologie der Social-Justice-Warriors zu eigen – und präsentiert sie als faktische Wahrheit.

Wenn sich Journalisten mit Aktivisten verwechseln

Die Tendenz, die Welt in »Schwarz« und »Weiß«, in »Gut« und »Böse« einzuteilen, hat vor allem die mediale Debatte erreicht. Das geschieht, wenn sich Journalisten von der Social-Justice-Theorie beeinflussen lassen und sich mit Aktivisten verwechseln, die glauben, es sei ihre Pflicht, Leser, Zuschauer und Hörer vor gefährlichem Gedankengut zu schützen.

Kurz: Die Journalisten versuchen, ihr Publikum moralisch umzuerziehen – indem sie Fakten ausblenden, Inhalte verzerren, Ideologien als objektive Wahrheit darstellen und Menschen, die linke Bewegungen kritisieren, umgehend als »rechts« oder »rechtsextrem« diffamieren. Das ist fatal. Denn so werden nicht nur über ganze Themengebiete Sprechverbote verhängt. Der Aktivismus, der sich gerade im Journalismus breitmacht, spaltet auch die Gesellschaft.

Denn entgegen aller Erwartungen ist der 08/15-Deutsche nicht auf den Kopf gefallen. Die Menschen merken, dass besonders der öffentlich-rechtliche Rundfunk seine Zuschauer wie Kinder behandelt. Die Reaktion darauf ist nur logisch: Die Menschen verlieren das Vertrauen in die etablierten Medien und werden im schlimmsten Fall von der AfD angezogen, die gegen »Lügenpresse« und »Staatsfunk« hetzt. Oder die Menschen fügen sich der Autorität der Medien – und schweigen.

Schweigespirale

Jeder, der schon einmal in einer Runde saß, in der Freunde, Arbeitskollegen oder Bekannte hitzig über Politik diskutierten, wird diesen Moment kennen: Man stimmt der vorherrschenden Meinung im Grunde seines Herzens nicht zu, hält aber trotzdem den Mund, weil man keine Probleme bekommen will. Das Schweigen erscheint hier als der ideale Fluchtweg. Vielleicht hat manch einer sogar schon einmal einer Behauptung zugestimmt, die er abgrundtief ablehnt – aus Angst, mit seiner Meinung alleine dazustehen.

Diese Neigung zum Mitlaufen ist kein Zeichen von Schwäche, sondern entspricht der natürlichen Disposition menschlichen Verhaltens. Das wies der Psychologe Solomon Asch in den fünfziger Jahren mit einem Experiment nach. Er setzte eine Reihe von Personen an einen Tisch und legte ihnen zwei Grafiken vor: Auf der einen waren drei unterschiedlich lange Linien zu sehen, auf der anderen eine Musterlinie. Die Aufgabe: Welche der drei Linien ist genauso lang wie die Musterlinie? Die Größenunterschiede zwischen den Linien setzte Asch bewusst so, dass es keinen Zweifel an der richtigen Antwort geben konnte.

Der Clou an der Geschichte: Außer einer Versuchsperson am Ende der Reihe waren alle Personen in das Experiment eingeweiht und wählten absichtlich eine zu kurze Linie aus. Das Ergebnis mehrerer Versuche: Sechs von zehn Versuchspersonen schlossen sich der offensichtlich falschen Aussage ihrer Vorgänger an.

Wenn sich Menschen also selbst in einer ziemlich belanglosen Situation einer falschen Mehrheitsmeinung anschließen, was passiert dann, wenn es sich um Inhalte handelt, die moralisch oder politisch aufgeladen sind? Die Medienwissenschaftlerin Elisabeth Noelle-Neumann hat diese Frage beantwortet. Ihr Fazit: Wenn Massenmedien über bestimmte Meinungen berichten, werden diese von der Bevölkerung als gesellschaftlicher Konsens angesehen. Dies sogar auch bei Randmeinungen. Die Konsequenz: Weil Menschen prinzipiell Angst davor haben, moralisch verurteilt und sozial isoliert zu werden, passen sie sich der medialen Meinung entweder an – oder schweigen. Dieses Schweigen wird dann fälschlicherweise als wachsende Zustimmung interpretiert, was die Stille in der Bevölkerung wiederum verstärkt. Es entstehe eine »Schweigespirale«, an deren Ende eine Mehrheit eine Meinung vertritt, der sie eigentlich nicht zustimmt.[1]

Eine Studie des Pew Research Centers im Jahr 2014 fand heraus, dass die Schweigespirale auch auf Social Media wirkt.[2] Meinungen zu einem polarisierenden Thema, die in Tweets und Posts geäußert und häufig geteilt oder gelikt werden, verstehen die User fälschlicherweise als Mehrheitsmeinung. Aus Angst, einen Shitstorm abzubekommen oder von der eigenen Community ausgegrenzt zu werden, schweigen die User oder passen sich der dominanten Meinung an.

Die Schweigespirale hat in beiden Fällen fatale Auswirkungen. Denn so können sich radikale und ideologische Randmeinungen, die nicht der gesellschaftlichen Mitte entsprechen, zur Mehrheitsmeinung entwickeln.

Das Publikum hat also keine andere Wahl, als der Wissensautorität der Medien zu vertrauen, die dann verantwortlich dafür sind, ihre Rezipienten nicht übers Ohr zu hauen. Denn das, was zur Prime Time im Fernsehen und zu jeder Stunde im Radio als seriöse Nachrichten verkauft wird, kommt bei den Hörern, Zuschauern und Lesern auch so an. So werden die Nachrichten in der Tagesschau zum Beispiel mit dem seit Jahrzehnten bekannten Einspieler eingeleitet, während die Sprecher ernst in die Kamera blicken. Die Message dahinter ist klar: Seht her, das, was wir zeigen, entspricht der Realität. Sie können uns vertrauen, denn wir zeigen Fakten, die wir mit professionellen Mitteln recherchiert haben.

In letzter Zeit missbrauchen viele Medien ihre Autorität, um ihren Rezipienten eine politische Agenda zu vermitteln. Und es ist krass, wie oft sich Journalisten die Ideologie der Social-Justice-Warriors zu eigen machen.

»Nachrichten« beim ZDF

Da gab es etwa einen Kommentar, den ZDF heute auf Instagram veröffentlichte. Danach gebe es keinen Rassismus gegen Weiße, konnte man dort lesen. Rassismus habe »machtstrukturelle Ursachen« und sei »geschichtlich verwurzelt«[3].

Als die Aussage im Netz kritisiert wurde, rechtfertigte sich der Sender. Er ließ einen Kritiker, den Psychologen Ahmad Mansour, zu Wort kommen, konterkarierte seine Widerworte dann aber durch eine »Experten«-Meinung, die genau das woke Weltbild vertrat, das man dem Publikum zuvor als Fakt verkauft hatte. Rassismus gegen Weiße könne es nicht geben, weil Rassismus dazu diene, »Privilegien zu rechtfertigen« und Rassismus sei »immer weiß«, denn es ginge um seine »historischen Wurzeln«. Und: »Welche Weißen können behaupten, dass sie tagtäglich aufgrund ihres Weißseins blöd angemacht werden?«[4]

Auch wenn man sich andere Beiträge von ZDF heute ansieht, stößt man immer wieder auf einen Widerspruch: Auf der einen Seite macht das Format mit seinem pathetischen Einspieler den Eindruck, als wolle es seinen Zuschauern seriöse Nachrichten vermitteln. Auf der anderen Seite springt einem die Absicht, die Rezipienten moralisch zu maßregeln, schon in den ersten Sekunden entgegen.

Da gibt es etwa einen Beitrag mit dem Titel »Wir sind weiß und privilegiert«[5]. Um Rassismus zu bekämpfen, sollen Weiße – nach bekanntem Muster – ihre Privilegien in Frage stellen. Es folgen

Statements von privilegierten Rich-Kids – wie Matthis, Tobias und Julia –, die rassistische Gewalt bekämpfen wollen, indem sie sich vor der Kamera für ihre Hautfarbe schämen. Zwischendurch werden Instagram-Posts von Josephine Apraku eingeblendet, die für das »Institut für diskriminierungsfreie Bildung« arbeitet – der Organisation also, die weißen Kindern eine psychische Störung attestiert. »Vielen ist es nicht bewusst, aber die Begriffe *weiß* und Schwarz beschreiben keine ›Hautfarben‹. Menschen sind nicht wirklich schwarz oder weiß«, heißt es da. Nur zur Erinnerung: Es handelt sich um ein Nachrichtenformat.

In einem Video erzählt Matthis dann wehmütig, dass er Schwarze »auch schon einmal gefragt hätte, woher sie kommen«. »Ich hätte es eigentlich besser wissen müssen«, sagt er und zeigt sich schuldbewusst. Aber auch Tobias beichtet vor der Kamera seine Sünden, die da wären: »Ich bin deutsch, männlich und weiß«. Tobias' Tonfall erinnert an Gebete von Ordensschwestern, seine Sätzen klingen so geschwollen, als hätte er sie zu Hause vor dem Spiegel geübt. »Ich habe nicht die Erfahrung, die ein Mensch mit nichtweißer Hautfarbe hat. Ich habe das Privileg, keine Angst haben zu müssen. Ich habe das Privileg, überall hinreisen zu können. Ich bin weiß«, erzählt er – und man fügt hinzu: Amen.

Als Vorbild im Kampf gegen Rassismus wird vom ZDF der Aktivismus des Journalisten Malcolm Ohanwe genannt, der auf Twitter Sätze gepostet hat wie »Happy new year only to the Blacks«[6] oder Bilder, auf denen weiße Kolonialherren während des Sklavenaufstandes in Haiti an Pfählen aufgehängt wurden[7]. Dazu der Kommentar: »Das würde ich gerne großspurig produziert im Kino sehen«[8]. In einem anderen Post hat der Aktivist Bilder des Diktators Idi Amin gezeigt, auf denen Weiße vor dem ugandischen Schreckensherrscher niederknien. Dazu die Worte: »Mein feuchter Traum«. Ohanwe entschuldigte sich nach Protesten für den Tweet, aber erst nachdem er sich über »die Weißen« lustig machte, die zu verklemmt seien, um Satire zu verstehen.

Auch das Interview mit Ogette, in dem sie von »Schicksalsgemeinschaften« spricht und Weiße auffordert, ihre Scham und Reue auszuleben, wurde vom ZDF als »Nachricht« verkauft. Der Ansatz des »strukturellen Rassismus«, der »Critical Whiteness« und der »Weißen Privilegien« wird auch in weiteren Beiträgen des Formats als Fakt dargestellt.

Aber auch der Bayerische Rundfunk[9], der Hessische Rundfunk[10], ARD Alpha[11], Zeit Online[12], der SFR[13], die Tagesschau[14] und der DLF[15] trichtern ihrem Publikum immer wieder dieselben Inhalte ein: dass alle Weißen Rassisten sind, die sich unbewusst auf Kosten von Minderheiten bereichern, und es nur einen Ausweg aus der eigenen Menschenverachtung gibt – den Ausführungen »der Experten«, die in den Beiträgen zu Wort kommen, zu gehorchen – indem man Reue und Scham empfindet, Anti-Rassismus-Workshops besucht, seinen Mund hält und sich ideologische Inhalte aneignet, um dann sein »weißes Umfeld« zu bekehren.

Kurz: Die Social-Justice-Ideologie ist eine Art Religion. Und viele Medien arbeiten gerade hart daran, ihre Zuschauer zu dieser Religion zu bekehren.

Infizierte Gedanken: Kontaktschuld

Konservative lieben Traditionen und Linke sind eher offen für Neues. Die einen stehen auf Ordnung, die anderen auf Chaos. Ein typischer CDUler feiert die Durchsetzung des Rechtsstaats, während ein Mitglied der Linkspartei auf Regeltreue pfeift und sich lieber für das Wohl der Schwächsten einsetzt.

Der Psychologe Jonathan Haidt fand vor einiger Zeit heraus, was hinter den Klischees der Konservativen und Linken steckt:

Während der Evolution hätten sich Menschen verschiedene Moralen angeeignet, um zu überleben, schreibt er. So musste etwa auf Fürsorge gesetzt werden, um Kinder und Hilfsbedürftige in der eigenen Gruppe zu beschützen. Fairness eigneten sich Menschen an, um Konflikte zu vermeiden und zu kooperieren, während der Ekel vor verdorbenem Essen und Krankheiten schützte.[16]

Das Spannende an Haidts Studie ist Folgendes: Vor allem Konservative ekeln sich schnell, was sich in einem starken Bedürfnis nach Reinheit, Sauberkeit und Ordnung äußert. Das nimmt vor allem bei Rechtsextremisten gefährliche Formen an. Denn das Ekelgefühl ist hier so stark ausgeprägt, dass politische Feinde oder Andersdenkende als ansteckende Krankheit oder Parasiten wahrgenommen werden, die den Fortbestand der Nation zerstören oder die Reinheit der »Rasse« beschmutzen könnten.

Ähnliches geschieht bei den vermeintlich Progressiven: Auch Gedanken können befleckt sein und müssen aus den Köpfen verbannt werden. Das geschieht, wenn staatliche Institutionen, Parteien und Medien alle männlichen Bilder und Vokabeln wie Krankheiten aus der Sprache verbannen oder sie bei negativen Wörtern wie »Terrorist« oder »Verschwörungstheoretiker« provokativ ausstellen.

Auch Argumente, politische Ansichten und einzelne Wörter können tabuisiert werden, wenn sie zuvor von einem »Nazi« geäußert wurden. Im Sommer 2020 veröffentlichte etwa die Friedrich-Naumann-Stiftung auf Instagram eine Liste mit Wörtern, die man vermeiden sollte, weil sie häufig von Rechtsextremen verwendet würden. Darunter war das Wort »Gutmensch«, aber auch das Wort »Facharbeiter«[17], mit dem Rechtsextreme angeblich Flüchtlinge abwerten.

Es ist erschreckend, wie weit der Ekel oder die Angst vor Ansteckung hier greifen: Selbst an völlig harmlosen Wörtern kann plötzlich die Pest kleben, wenn sie zuvor von der falschen Person geäußert wurde. Ganze Themengebieten können somit zum verseuchten Gebiet erklärt werden, in das man sich weder rhetorisch noch gedanklich hineinwagen sollte, weil das rechte Gedankengut sofort den eigene Verstand infizieren könnte.

Häufig werden Diskussionen mit dem Satz »Das ist doch ein AfD-Argument« abgewürgt. Diese Art der gedanklichen Kontaktschuld ist fatal. Denn so verbietet man sich nicht nur selbst, rechtsextremes Gedankengut überhaupt als solches zu erkennen. Man überlässt auch ganze Themengebiete der AfD, der man dadurch nur noch mehr Macht im politischen Diskurs verleiht.

Ein Beispiel: Die AfD ist die einzige Partei im Bundestag, die die reaktionären Tendenzen in der Antirassismus-Bewegung oder die mitunter abstruse Forschung der Gender Studies kritisiert. Eine Partei, die eine Zwischenposition einnimmt und differenziert Kritik übt, ohne die Forschung komplett abzuschaffen – wie es die AfD fordert – gibt es nicht. Der Grund: CDU und FDP haben panische Angst davor, von Journalisten und Parteien als »AfD-nah« abgestempelt zu werden.

Und dazu haben sie guten Grund, was die Affäre um Thomas Kemmerich bewiesen hat. Der FDP-Politiker wurde im Februar 2020 überraschend mit Stimmen der AfD zum Ministerpräsidenten von Thüringen gewählt. Nachdem Kemmerich die Wahl angenommen hatte, zeigten sich sämtliche Parteien und Medien entsetzt. Es wurde von einem »historischen Dammbruch«, von einer »Schande für die Demokratie« und einem »Tabubruch« geredet. Einige Medien zogen Parallelen zum Aufstieg der NSDAP und nannten Kemmerich einen »Nazi-Kollaborateur«. Der FDP-Politiker trat dann auf Druck seines Partei-Chefs von seinem Amt zurück.

Die Stimmung heizte sich in den Medien derart auf, dass Liberale auf offener Straße bedroht, FDP-Büros attackiert und Politiker von Journalisten als »Neo-Nazis« diffamiert wurden, weil sie

Kemmerich zur Wahl gratulierten. Krass war jedoch die Reaktion von Angela Merkel. Sie bezeichnete die Wahl als »schlechten Tag für die Demokratie« und forderte, dass »das Ergebnis wieder rückgängig gemacht werden« müsse. Das alles, weil ein Liberaler – der weit davon entfernt ist, rechtsextreme Inhalte in die Politik zu tragen – eine freie Wahl annahm, bei der die AfD mitgestimmt hatte.

An dem Vorfall zeigt sich, wie tief die Angst vor der Kontaktschuld in der Politik verankert ist – und wie die politische und mediale Isolation der AfD die Partei eher stärkt als bekämpft. Denn je häufiger man der AfD mit pauschalen Diffamierungen anstatt mit inhaltlicher Kritik begegnet, desto mehr bestätigt man auch den Populismus der Partei, die sich gerne als hilfloses Opfer der antidemokratischen »Altparteien« und der »Merkeldiktatur« inszeniert.

Das denkt auch der Rechtsextremismus-Experte Bernd Wagner. Er hat die Organisation »EXIT Deutschland« gegründet, die Neo-Nazis beim Ausstieg unterstützt und sich für Deradikalisierung einsetzt. In einem Interview sagt er: »Man muss sich mit diesem Gedankengut offensiv auseinandersetzen und die Position überzeugend zurückweisen. Wenn man es dagegen totschweigt oder lächerlich macht, wird das nach hinten losgehen. Das verhärtet die Fronten und wird die Gesellschaft weiter radikal spalten.«[18]

Die Angst als »rechts« dazustehen, wenn man sich über gewisse Themen äußert, hat schon längst auch die Bevölkerung erreicht. So fand das Allensbach-Institut bei einer repräsentativen Umfrage heraus, dass knapp zwei Drittel der Deutschen der Meinung ist, sich in der Öffentlichkeit nicht mehr frei äußern zu können, vor allem zu den Themen Flüchtlingspolitik und Islam. Der Verdacht, dass auch moralische Diffamierungen von Aktivisten zu diesem Schweigen beitragen, wird durch die Tatsache erhärtet, dass 41 Prozent der Befragten die Political Correctness für übertrieben halten. Das zeigt sich auch angesichts der rigiden Durchsetzung von neuen Sprachregelungen: Zwei Drittel der Bevölkerung finden es unsinnig, wenn Wörter wie »Migrant« oder »Ausländer« aus einer moralischen Agenda heraus durch Euphemismen wie »Menschen mit Migrationshintergrund« ersetzt werden. Auch das Umschreiben von Kinderbüchern, in denen unangemessene Wörter wie »Negerkönig« vorkommen, lehnen 75 Prozent der Befragten ab.[19]

Kurz: Die Meinungsfreiheit ist bedroht. Und zwar dadurch, dass Journalisten und Politiker so große Angst vor Rechtsextremismus haben, dass sie jede Kleinigkeit als »rechts«, »rechtspopulistisch« oder »rassistisch« diffamieren. Das geschieht mit so großem Druck, dass die Menschen sich gemäß der Schweigespirale aus Angst nicht mehr äußern.

Politik und Medien reagieren auf diese Sorge der Menschen ironischerweise so, indem sie genau das demonstrieren, was gerade schiefläuft: Die Sorge sei, so der Bundespräsident, ein »längst ausgeleiertes Klischee aus der reaktionären Mottenkiste«[20]. Die Berliner Morgenpost tat es Frank-Walter Steinmeier gleich und behauptete, dass das Thema ein in »rechter Politik bemühtes Thema«[21] sei. Grünen-Politikerin Renate Künast sprach gar von »rechtsextremen Kreisen«, die über die Angst der Bürger schon vor 2015 gesprochen hätten, weswegen das eine »alberne Geschichte«[22] sei.

Berichten über Hatespeech

Ein »enfant terrible« in der Medienwelt ist der Blogger Don Alphonso alias Rainer Meyer. Seit Jahren fordern Medienschaffende immer wieder seine Entlassung oder verfassen Beiträge, in denen sie ihn der Menschenverachtung bezichtigen.[23] Der Grund: Er kritisiert woke Aktivisten.

Die Argumentation bleibt stets gleich: Don Alphonso sei ein verdeckter Rechtsextremer, der ein Problem mit Frauen, Migranten und Queers habe. Weil er aber schlau genug sei, seinen Fremdenhass nicht offen zu zeigen, hetze er seine rechtsextremen Follower absichtlich auf einzelne Menschen.

Es ist klar, dass Don Alphonso nicht zu den Progressiven gehört. So inszeniert er sich im Netz als heimatliebender Bayer und teilt in seinen Texten regelmäßig gegen linke Aktivisten aus. Das muss man nicht mögen. Dem Blogger aber Rechtsextremismus oder gezielte Hetze zu unterstellen, geht zu weit. Zumal die Journalisten – bis heute – kein einziges inhaltliches Argument vorweisen können, das diese Vorwürfe belegt.

Die Agenda, die seitens seiner Kritiker verfolgt wird, ist klar: Eine unbeliebte Person soll zum Schweigen gebracht werden. Und es ist krass, wie einige Medienhäuser die Aktivisten bei diesem Vorhaben unterstützen.

Besonders hartnäckig ging der DLF gegen den Kolumnisten vor. Meyer geriet einmal mit der Aktivistin Jasmina Kuhnke aneinander, woraufhin der Kolumnist ihr antwortete, dass sie »bald die Quittung«[24] für ihr Verhalten erhalten würde. Die linke Twitter-Bubble jazzte diese Aussage zur Morddrohung hoch. Der DLF setzte Meyer dann in mehreren Beiträgen mit Rechtsextremisten gleich. Belegt wurden die Vorwürfe gegen ihn nicht. Allein die Followerschaft des Kolumnisten reichte aus, um ihn zu brandmarken.

Deutschlandfunk Kultur fabulierte sogar ein »System Don Alphonso«[25] herbei. Es seien »bekannte Leute aus dem rechten Spektrum«, die mit ihren Äußerungen »eine Person markieren« und sie für Rechtsradikale zum »Abschuss freigeben« würden, hieß es in einem Nachrichtenbeitrag.[26] Das würde am Ende dazu führen, dass Unschuldige von Trollen bei ihrem Arbeitgeber denunziert würden. Das ist amüsant. Denn der Deutschlandfunk attackierte selbst mehrere Male den Arbeitgeber des Kolumnisten[27], weil er sich weigerte, seinen Autor aus der Zeitung zu schmeißen.

Die ganze Aufregung über das Thema erscheint umso absurder, wenn man sich ansieht, welchen Umgangston die Aktivisten selbst an den Tag legen, die der DLF als Experten über Hatespeech geladen hat. So postete ein Twitter-User zwei Bilder von Joseph Goebbels, die auf Don Alphonso verwiesen: Eines zeigte ihn während einer Rede, das andere seine verkohlte Leiche. »Die typische Karriere eines Quittungsverteilers in zwei Bildern«[28], stand da. Den Post likte ausgerechnet die Autorin Jasmina Kuhnke, die sich zuvor über die vermeintlich rüden Methoden des Bayern beschwert hatte. Die Aktivistin ist zudem dafür bekannt, Gewaltfantasien gegen die BILD-Zeitung zu glorifizieren[29] oder Hashtags wie #HaltDieFresseBild erfunden zu haben.

Im Februar 2021 forderte Kuhnke ihre Followerschaft auf, so viele Tweets wie möglich mit dem Hashtag #WhiteDevil – eine abwertende Bezeichnung für Weiße – zu posten. Das Ziel: Sie wollte den rassistischen Ausdruck in den Twitter-Trends unterbringen, um ihre politischen Gegner zu provozieren. »Wenn ich will, lass ich #WhiteDevil trenden, nur um Twitter brennen zu sehen«[30], schrieb sie.

Natürlich – das ist doch klar – sind Morddrohungen gegen Menschen mehr als verwerflich. Aktivisten wie Kuhnke, die sich in den Medien als Opfer von Hatespeech inszenieren[31], leben im Netz aber selbst ihren Hass auf »Cis-Männer«, »Almans«, »Weiße« oder »Springer-Journalisten« aus – um sich dann bei Gegenwind demonstrativ auf den Boden zu werfen und sich als unschuldige Opfer darzustellen.

So auch die Spiegel-Online-Kolumnistin Margarete Stokowski. Im DLF erklärte sie im Herbst 2019, dass Journalisten im realen Leben nicht mehr sicher seien, weil »rechte Blogger« wie Don Alphonso ihre Followerschaft absichtlich auf unschuldige Journalisten hetzten.[32] Etwa zur selben Zeit fragte Stokowski ihre Twitter-Follower, welches Outfit sie denn zur Enteignung Springers anziehen würden. Ein User antwortete, dass »aus zehn Flaschen schnell zehn Mollis werden« könnten. Ein anderer postete ein Bild von einem Messer. Dagegen protestierende Kritiker verhöhnte die Autorin dann als Spießer, denen der Humor fehle.

Aber auch der Autor und Filmemacher Mario Sixtus diente dem Sender als Experte für Hatespeech. Es reicht ein Blick auf das Twitter-Profil des Autors, um zu sehen, auf welchem Niveau er sich bewegt: »Lösch Deinen Account und führ ihn Dir rektal ein!«[33], steht da etwa. In anderen Kommentaren beschimpft er Politiker, Journalisten und Menschen, die das Wort »PoMo-Bubble« verwenden als »Arschlöcher«. Anfang 2021 postete Sixtus auf Twitter ein Bild von Stalin und versah es mit dem Hashtag #Antifa. Der Diktator gehörte mal »zu den Guten«[34], kommentierte er seinen Tweet. Dennoch sendete der DLF die Statements des Autors als »Nachrichten«[35].

Besonders aggressiv verhalten sich die Anti-Hatespeech-Aktivisten gegenüber Menschen, die man qua Herkunft, Geschlecht oder Hautfarbe eigentlich zur eigenen Peer-Group zählt. So wurde die Migrantin und Tagesspiegel-Redakteurin Fatina Keilani im Januar 2021 auf Twitter von linken Aktivisten angegangen, weil sie in einem Artikel mit dem Titel »Wenn Weiß-Sein zum Makel gemacht wird« den Social-Justice-Aktivismus[36] kritisierte.

Nicht nur Aktivisten wie Jasmina Kuhnke, sondern auch Rundfunk-Journalisten hauten über mehrere Wochen hinweg auf die Redakteurin ein und diffamierten sie als Rassistin. Das ging so weit, dass man Keilani als »Token« beschimpfte[37][38] – ein abwertender Ausdruck für Migranten, die sich zu sehr an die »weiße Mehrheitsgesellschaft« anpassen. So ein Token »kotze mehr an als ein Bernd«, heißt es in einem Tweet.[39] Ein anderer User bezeichnete Keilani sogar als »Haus-N*****« des »weißen« Tagesspiegels. Aber auch die vermeintlich seriöse ÖRR-Journalistin Maja Weber sprach Keilani aufgrund ihrer politischen Positionen ab, eine »echte« Migrantin zu sein, und fragte: »Ist das schon Überassimilation?«[40]

Migranten werden hier als Zugehörige des PoC-Clans gesehen, die sich auf eine spezielle Weise zu verhalten haben. Wer sich gegen die politische Agenda der Aktivisten stellt, wird das »Migrantensein« abgesprochen und wie ein Abtrünniger behandelt. Dieser Aktivismus hat weder etwas mit echter Solidarität zwischen Frauen und Eingewanderten noch mit gelebter Diversität zu tun. Vielmehr offenbart sich hier, wie rassistisch diejenigen ticken, die sich in der Öffentlichkeit als die besseren Menschen inszenieren.

Fake News

Der Wille, die eigenen Zuschauer zu einer ganz bestimmten Meinung zu bewegen, sitzt tief unter »öffentlich-rechtlichen«-Journalisten. So tief, dass man nicht davor zurückschreckt, Fake News zu verbreiten.

Da gab es etwa einen Beitrag von ZDF Zoom über die Cancel Culture. Die Zensur von Künstlern oder der Fakt, dass Aktivisten eine Autorin wie J. K. Rowling, die Millionen Menschen mit Harry Potter begeistert hat, im Netz fertigmachen und zum Boykott ihrer Bücher aufrufen, wurde hier als »eine Chance« verharmlost, »mit der man auf Missstände hinweist«. Die Zensur von Kultur und Menschen sei eine »individuelle Entscheidung«, heißt es hier weiter, um »etwas zu verändern«[41] und die Welt in einen besseren Ort zu verwandeln.

Der Shitstorm und auch der versuchte Anschlag auf das Nachtlokal, die – wie beschrieben – dazu geführt hatten, dass die Kabarettistin Lisa Eckhart von einem Literatur-Festival wieder ausgeladen wurde, ist den Journalisten hier keine Silbe wert. Stattdessen behaupten sie, dass es keine Bedrohungen gegeben und man die Kabarettistin wieder eingeladen habe. Das ist falsch. Der Österreicherin wurde angeboten, dass man sie über eine Live-Übertragung dazuschalten könne, weil man sie nicht im selben Raum haben wollte. Eckart lehnte diese Demütigung ab.

Und auch der Skandal um J. K. Rowling wird falsch dargestellt. Die Autorin habe über »Gender-Fragen« getweetet, die als »transfeindlich« gelten – diese Aussage gilt für das ZDF einfach mal als Fakt. Dass die Aktivisten bereits die Tatsache, dass nur biologische Frauen menstruieren können, als »transfeindlich« bewerten, dass Rowling sich mehrmals in dieser Debatte für die Rechte der LGBTQs aussprach[42], dass in England Menschen ihren Job verloren haben, weil sie sich der Ideologie eines ultraaggressiven Mobs widersetzten[43] und dass der Hass so weit ging, dass Social-Justice-Aktivisten der Autorin mit dem Hashtag »RIPRowling«[44] den Tod wünschten und ihre Bücher verbrannten[45] – alles nicht der Rede wert.

Stattdessen blendet ZDF Zoom mehrere Male eine Hipster-Aktivistin ein, die in ihrer Freizeit Schminktipps für Mütter gibt und auf Social Media dazu aufruft, nicht-woke Dinge zu boykottieren. Selbstgefällig zählt sie auf, welche Dinge sie schon aus ihrem Leben verbannt habe, wie Smoothies oder das Werk von J. K. Rowling. »Keinen Cent« gebe sie mehr für das Werk von Rowling aus, weil die Autorin keine »ehrlich gemeinte Einsicht« gezeigt habe.

Zwar kommt auch ein Kritiker der Cancel Culture zu Wort, dessen Statement aber von einer Literaturwissenschaftlerin sofort wieder weggewischt wird. Durch die Cancel Culture sei die Debatte »vielfältiger, breiter und bunter« geworden, erzählt sie, weswegen manche damit »nicht zurecht« kämen. Die Cancel Culture sei doch nur Ausdruck einer »Kritik«, ein Zeichen von »Verantwortung« und entspreche »sprachlichem Handeln«, heißt es hier weiter.

Das Fazit der Moderatorin des Beitrags, Maral Bazargani: »Egal ob für oder gegen Cancel Culture« – alle seien sich einig, dass man »mehr miteinander sprechen sollte, um eine gute Debattenkultur« zu haben. Dieser Ruf nach freier Debatte erscheint umso scheinheiliger, wenn man bedenkt, dass der ganze Beitrag dafür wirbt, Missliebiges aus der Kultur zu canceln, und diese Zensur als Kampf für eine »buntere« Welt dargestellt wird.

Am besten ist aber der Abspann. Der Beitrag wird ausgeblendet, und noch einmal kommt die inquisitorische Hipster-Aktivistin zu Wort. »In Sachen Cancel Culture müsste es wirklich solche Karten geben. Hier ist die gelbe Karte, und wenn du noch mal Scheiße erzählst, dann ist Schluss. Dann hat die Person Zeit, sich zu rechtfertigen, Zeit Einsicht zu zeigen, und wenn sie das nicht tut – rote Karte, Platzverweis. SO müsste es laufen.« Neben ihrem Gesicht wird währenddessen das Logo von ZDF heute eingeblendet.

Schluss:
Wohlstandsverwahrlosung oder der Narzissmus der Bildungseliten

Vielleicht kennen Sie den Film »Fight Club«. Edward Norton spielt dort einen Versicherungsvertreter in den USA, der an seinem Leben verzweifelt. Denn obwohl er einen gut bezahlten Job hat, in einer schicken Wohnung lebt und sich alles kaufen kann, was er begehrt, ist er depressiv. Sein Alltag ist so monoton und berechenbar wie ein Film, der sich immer wieder von vorne abspielt, ihn foltert, den er aber nicht abschalten kann. Also liegt er Nacht für Nacht wach und ist kurz vorm Durchdrehen.

Doch dann lernt er Tyler Durden kennen: Einen gewalttätigen attraktiven Rebellen (von Brad Pitt gespielt), der zu seinem Life-Coach wird und mit dem er den »Fight Club« gründet: einen illegalen Club für leicht hüftsteife Männer, die aus ihrem spießigen Leben ausbrechen wollen – indem sie sich gegenseitig in Hinterhöfen und Kellern die Seele aus dem Leib prügeln. Ab jetzt schläft der Versicherungsvertreter wie ein Baby. Denn er hat die wahre Erfüllung gefunden: den »Thrill«, der sein Leben lebenswert macht und die Lücke in seiner Brust füllt, die ihn davor fast in den Wahnsinn getrieben hätte.

Ich glaube, dass wir alle ein bisschen so sind wie dieser Versicherungsvertreter. Wir kennen dieses Gefühl der Leere, obwohl unser Leben eigentlich perfekt ist. Es ist die Sehnsucht nach dem absoluten Glück, das sich aber – so sehr wir uns auch bemühen – einfach nicht einstellen will.

Denn wann ist der Punkt erreicht, an dem man endlich zufrieden ist? Häufig stellen wir uns vor, dass sich das Glück mit einem besseren Job, einer hübscheren Wohnung, einer neuen Beziehung, mit dem ersten Kind oder mit der perfekten Ikea-Einrichtung einstellen wird. Motto: »Ich muss nur noch diese eine Hürde überwinden, dann wird das Glück schon kommen!« Doch kaum ist der ersehnte Status erreicht, stößt man auf neue Probleme und Sehnsüchte. Und so dreht es sich ewig weiter: Egal wie viel wir besitzen, wie schick das Auto ist oder wie viele Nullen wir auf dem Konto haben, es geht immer noch ein bisschen besser. Das Ergebnis ist bitter: Wir sind in der eigenen Unzufriedenheit gefangen, obwohl wir im Luxus schwelgen.

Der Philosoph Slavoj Žižek sieht die Ursache für dieses Problem in der modernen Konsumgesellschaft. Die Menschen in der westlichen Welt, so Žižek[1], sind wie die Glückseligen im Himmel. Denn sie sind im Paradies und müssen sich um nichts sorgen. Deswegen wird den Glückseligen langweilig und sie fangen an, sich zu beschweren. Zum Beispiel über den göttlichen Nektar, der ihnen nicht mehr schmeckt. Also wird ihnen hin und wieder erlaubt, die Leiden der Höllenbewohner zu beobachten – damit sie das Leben im Himmel wieder wertschätzen können. Žižek beschreibt mit diesem Vergleich einen sehr menschlichen Reflex: Wir brauchen das Leid der Anderen, um uns gut zu fühlen – um den Wohlstand, in dem wir leben, wieder genießen zu können.

Diese Lust auf Leid und Schmerz begegnet uns ständig. Zum Beispiel, wenn wir uns Serien oder Filme auf Streaming-Plattformen angucken. Denn die größten Verkaufsschlager sind Horrorszenarien: In »Tschernobyl« etwa wird die Atomkatastrophe aus den 80ern nachgespielt. Im »Report der Magd« geht es um ein grauenhaftes Patriarchat, das Frauen in unterschiedliche Kasten einteilt, foltert und an Baukränen aufhängt. Die Serie »13 Reasons Why« handelt von einem Selbstmord einer 16-jährigen:

Szenen, in denen Jugendliche vergewaltigt werden und sich die Pulsadern aufschneiden, werden hier genussvoll in die Länge gezogen. Und alles nur, damit der Zuschauer mitfühlt und mitleidet, um sich danach wieder an seiner heilen Welt zu erfreuen.

Manche sind so sehr von ihrem Alltag gelangweilt, dass die erfundenen Geschichten auf Netflix nicht mehr ausreichen. Sie wollen den »Thrill« auch in der Realität. Sie wollen den Versicherungsverteter in »Fight Club« nicht nur beobachten, sondern selbst so sein wie er – und den Schmerz am eigenen Leib erfahren. Sie wollen selbst eine Figur aus ihrer Lieblingsserie sein, wollen das Drama auf dem Bildschirm ins eigene Leben holen, damit die Langeweile des monotonen Alltags endlich aufhört.

Ich wage die Behauptung: Der Social-Justice-Aktivismus ist eine Ersatzbefriedigung für die privilegierten Rich-Kids, die so sehr im eigenen Wohlstand versunken sind, dass sie ihn nicht mehr wertschätzen können. Sie sehnen sich nach Problemen, Intrigen und Bedrohungen. Die Bewegung ist so etwas wie das Netflix für die Realität. Motto: Wir brauchen den Thrill auch im echten Leben, und wenn er nicht da ist, erfinden wir ihn.

Denn zumindest in der westlichen Welt gibt es, abgesehen von massiven sozialen Problemen, immer weniger reale Ungerechtigkeiten, gegen die man sich auflehnen könnte. So schiebt die Bewegung die Grenze der Gewalt auf die Sprache und wird hier einfach immer sensibler: Nicht mehr reale Gewalt wird als verletzend empfunden, sondern Wörter, Blicke, Gesten oder Kunst – die alle konsequenterweise dann auch verboten werden müssen.

Ein Beispiel: Bei einer Freundin entdeckte ich, nachdem das »#Metoo«-Hashtag viral gegangen war, einen Post in ihrer Facebook-Timeline: »#Metoo«, stand dort. Sonst nichts. Sie erzählte nicht, was genau, wann, wie passiert war, sondern nur, *dass* etwas passiert war. Dieses #Metoo bedeutete: »Seht her, auch ich habe gelitten – aber reden kann ich darüber nicht«.

Ich weiß natürlich, dass meine Freundin damit dokumentieren wollte, dass sie als Frau Gewalt erfahren hat. Aber genau das war auch das Perverse an der Kampagne: Dass es eine fast schon narzisstische Zurschaustellung des eigenen Schmerzes gab, ein kollektives Leiden qua Geschlecht, ein Passionsspiel nur für Frauen, in dem es nicht um die Verurteilung von Tätern, um echte Opferhilfe oder die Suche nach politisch-gesellschaftlichen Lösungen ging, sondern nur um die Zugehörigkeit zu einer unterdrückten Gruppe. Me too. Ich auch!

Nun ist es evident, dass Frauen häufig Opfer von häuslicher Gewalt werden und auch in anderen Bereichen des Lebens oft den zweiten Platz einnehmen. Selbst, wenn es darum geht, gegen Vergewaltiger und sexuelle Übergriffe vorzugehen, stößt man auf die typisch weibliche Zurückhaltung. Häufig hört man, dass Frauen in eine Art von Ohnmacht fallen, wenn es darum geht, Täter anzuzeigen. Viele Frauen schämen sich oder suchen die Schuld sogar bei sich selbst.

Ich kann diese Ohnmacht nachvollziehen. Was ich aber definitiv nicht kann ist, mich damit abfinden, dass Feministinnen diese Passivität lieber schulterzuckend befördern, als die gepeinigten Frauen dabei zu unterstützen, die Täter hinter Gitter zu bringen. Anstatt also Frauen zu stärken, sie zu ermutigen, sich zu wehren, zurückzuschlagen und die Täter anzuzeigen, verweist der Feminismus – und vor allem die #Metoo-Bewegung – lieber auf das Bild des eingeschüchterten Opfers: das brave Mädchen, das mit selbst gehäkelten rosa Katzenmützen gegen Sexismus demonstriert und mit Einhorn-Gifs das System zerstören will – in den konkreten Situationen aber zu schwach ist, um den Mund aufzumachen.

Das Gleiche gilt für die Bekämpfung von Rassismus: Der Begriff »White Supremacy« bezeichnet eigentlich rechtsextreme Gruppierungen wie den Ku-Klux-Klan oder den NSU. Indem die

Bewegung aber selbst hinter der Aussage »Ich sehe keine Hautfarben« eine »weiße Überlegenheit« vermutet, bagatellisiert sie die Gefahr, die von gewaltbereiten Ideologen ausgeht. Oder anders gesprochen: Indem die Bewegung aus narzisstischem Geltungsdrang heraus jede Banalität zum Drama hochjazzt, beschwichtigt sie damit den Terror und die Gewalt, die tatsächlich Menschenleben gefährden.

Anstatt sich mit realen Problemen zu beschäftigen, wie rassistische und sexuelle Übergriffe, überfüllte Frauenhäuser, Zwangsverheiratungen, Ehrenmorde, Genitalverstümmelungen oder das Leid von Migrantenkindern aus sozial schwachen Schichten, verstricken sich die Aktivisten lieber in schicke Lifestyle-Probleme, die nur sie selbst – den weißen studierten Kosmopoliten im Wohlstand – betreffen.

Hasstiraden gegen den »alten weißen Mann«, ein stolzes »Aktivist (Pause) innen« in einem Radiobeitrag, Kniefälle vor Schwarzen und Demos für billigere Tampons sind meist nichts anderes als eine aufregende Netflix-Serie, in der man selbst wahlweise die Rolle des Opfers oder die des Helden einnehmen kann, sich entweder in Selbstmitleid aalt oder über den dummen Pöbel hinwegsetzt, um sich selbst als couragierten Krieger für eine bessere Welt zu feiern.

Der Social-Justice-Aktivismus bedeutet im Grunde nur eines: Ein bisschen Empörung, Thrill und Vergnügen für Tobias und Lena, die sich mit einem Chai Latte und dem neusten iPhone in der Hand auf ihrem Ikea-Sofa räkeln – und eine Bühne brauchen, um ihren eigenen Narzissmus, den eigenen Aufstieg vom bornierten Dorfkind zum intellektuellen Hipster zu feiern.

Auf die realen Missstände, die meistens die Unterschicht und zunehmend auch die Mittelschicht betreffen, spucken die Aktivisten. Es geht ihnen weder um echte Emanzipation noch um das Wohl anderer – sondern um sich selbst.

Dank

Danke an das Team vom Westend Verlag. Ich danke meiner Schwester Sara Basad und Christoph Rommel für die finanzielle und mentale Unterstützung und Henzi und Toja für die ganze Liebe, Prof. Dr. Wolfgang Neubert, Prof. Dr. Jörg Baberowski und Dr. Vojin Saša Vukadinović, meinen BFFs Sebastian Geisler, Maya Levy, Patrick Lenz und Anna Schneider, den Salonkolumnisten, Christian Szymanek, Gideon Böss, Ninve Ermagan, Sophia Maria Kissling, mon chèr ami Joël Huet, Pozi dem Kater und meinem größten Fan: Gisela Basad.

Anmerkungen

Die Lernerfahrung

1. »Der Rassist in uns«, 10. Juni 2020, online unter: https://www.zdf.de/doku mentation/dokumentation-sonstige/der-rassist-in-uns-104.html.
2. Mit dem Ausdruck LGBTQ werden sexuelle Minderheiten wie Lesben, Schwule, Bisexuelle, Transsexuelle und Queers bezeichnet. Im Folgenden werde ich diese Gruppe einfach Queers nennen.
3. http://www.diversity-works.de/diversity_works/.
4. https://www.chf.de/benzolring/2016/10-12.html.
5. Steinmetzt, Vanessa: »Soziales Experiment bei ZDFNeo – Wer ist hier Rassist?«, *Spiegel*, 10. Juli 2014, online unter: https://www.spiegel.de/kultur/tv/der-rassist-in-uns-soziales-experiment-zu-rassismus-bei-zdfneo-a-980100.html.
6. Herrmann, Sebastian: »›Der Rassist in uns‹ auf ZDF neo – Erhellender Psychoterror«, Süddeutsche Zeitung, 19. Januar 2015, online unter: https://www.sueddeutsche.de/medien/der-rassist-in-uns-auf-zdf-neo-erhellender-psychoterror-1.2037988.
7. Ehrenberg, Markus: »›Der Rassist ins uns‹ – Ein Experiment soll belgen: Der Hang zur Diskriminierung steckt in jedem«, Tagesspiegel, 09. Juli 2014, online unter: https://www.tagesspiegel.de/gesellschaft/medien/der-rassist-in-uns-ein-experiment-soll-belegen-der-hang-zur-diskriminierung-steckt-in-jedem/10176800.html.
8. Schwarz, Kim: »›Der Rassist in uns‹ auf ZDF Neo – Die unerträgliche Leichtigkeit des Rassismus«, *Stern*, 11. Juli 2014, online unter: https://www.stern.de/kultur/tv/-der-rassist-in-uns--auf-zdf-neo-die-unertraegliche-leichtigkeit-des-rassismus-3940642.html.
9. Albern Ben Chamo, Sophie: »Im Rassismus-Workshop – Sind wir nicht alle ein bisschen Steinbach?«, *Stern*, 03. April 2016, online unter: https://www.stern.de/panorama/gesellschaft/rassismus-im-selbstversuch--sind-wir-nicht-alle-ein-bisschen-petry-oder-steinbach--6771910.html.

»Narrativ«, »Diskurs« und »Dekonstruieren« – alles nur harmlose Trends?

1. https://m.facebook.com/story.php?story_fbid=441119743106114&id=129 459503748982.
2. Pluckrose, Helen, James Lindsay: *Cynical Theories.* Pitchstone Publishing, Kindle-Version. S. 912.
3. Scrluga, Susan, Joe Heim: »Grade Point – Threat shuts down college emboiled in racial dispute«, *Washington Post*, 01. Juni 2017, online unter: https://www.washingtonpost.com/news/grade-point/wp/2017/06/01/threats-shut-down-college-embroiled-in-racial-dispute/.
4. Brown, Lee: »USC professor placed on leave for using Chinese expression that sounds like N-word«, *New York Post*, 06. September 2020, online unter: https://nypost.com/2020/09/06/professor-placed-on-leave-for-using-chinese-expression-that-sounds-like-n-word/.
5. Churchill, Chris: »Churchill: At Skidmore, curiosity might get you canceled«, *Times Union*, 10. September 2020, online unter: https://www.timesunion.com/news/article/Churchill-At-Skidmore-curiosity-might-get-you-15553968.php.
6. Ogette, Tupoka: *Exit Racism,* UNRAST Verlag, Kindle-Version, S. 54.
7. Ebd., S. 55.
8. Hasters, Alice: *Was weiße Menschen nicht über Rassismus hören wollen aber wissen sollten*, Carl Hanser Verlag, Kindle-Version, S. 13.
9. Ebd.
10. Ebd., S. 14.
11. Ebd., S. 16.
12. »Rassismus ist kein Randproblem«, online unter: https://www.amadeu-antonio-stiftung.de/wp-content/uploads/2019/05/Comic-Handreichung_Rassismus_ist_kein_Randproblem.pdf.
13. https://twitter.com/alicehasters/status/1327925915473616902.
14. https://twitter.com/alicehasters/status/1327925917335818240.
15. https://twitter.com/alicehasters/status/1327925915473616902.
16. McIntosh, Peggy: »White Privilige: Unpacking the Invisible Knapsack«, Peace and Freedom, Juli/August 1989, onlin unter: https://psychology.umbc.edu/files/2016/10/White-Privilege_McIntosh-1989.pdf.
17. In dem Aufsatz begründet Peggy McIntosh ihre Aussagen, indem sie von sich in der ersten Person – also »Ich als weiße Frau habe …« – spricht und von dieser Perspektive auf die Gesamtheit aller Weißen schließt. Dort heißt es: »My schooling gave me no training in seeing myself as an oppressor, as an unfairly advantaged person, or as a participant in a damaged culture. I was taught to see myself as an individual whose moral state depended on her individual moral will.« Und: »In my class and place, I did not see myself as a racist because I was taught to recognize racism only in individual acts of me-

anness by members of my group, never in invisible systems conferring un-
sought racial dominance on my group from birth.«

18. DiAngelo, Robin J.: *Wir müssen über Rassismus sprechen*, Hoffmann und
Campe Verlag, Kindle-Version, S. 130.
19. Ebd.
20. Ebd., S. 79.
21. Ebd., S. 131.
22. Genau diese Funktion übernehmen die Begriffe »People of Color« und
»Schwarz«. Damit sind nicht nur dunkelhäutige Personen gemeint, sondern
vor allem Menschen, »die Rassismus erfahren«. Die ganze Definition der Begriffe hängt also von den subjektiven Empfindungen der Betroffenen ab.

Weiße Privilegien: Wer ist das größte Opfer?

1. https://twitter.com/dlfkultur/status/1288026950146170880.
2. »25 Frauen Award: Wir machen Platz«, Edition F, 10. Juli 2020, online unter:
https://editionf.com/wir-machen-platz/.
3. Hasters, S. 114.
4. Eriksen, Alanah: »White out of order! Beyoncé is looking several shades ligh-
ter in promo shoot for her new album«, *Daily Mail*, 17. Januar 2012, online
unter: https://www.dailymail.co.uk/tvshowbiz/article-2087388/Beyonc-
white-skin-row-Controversial-photo-shows-singer-looking-shades-lighter-
usual-tone.html.
5. Sales Prado, Simon: »Das Konzept der Privilegien – Man muss auch mal ver-
ziechten«, *taz*, 05. September 2020, online unter: https://taz.de/Das-Kon-
zept-der-Privilegien/!5706891/.
6. Rauschenberger, Pia, Trang Thu Tran: »Die unangenehme Wahrheit sozialer
Ungerechtigkeit«, Deutschlandfunk Kultur, 27. Juli 2019, online unter: https://
www.deutschlandfunkkultur.de/psychologie-und-privilegien-die-unange
nehme-wahrheit.976.de.html?dram:article_id=452441.
7. Der Begriff Kulturmarxismus ist politisch aufgeladen, da er in den USA von
rechten Extremisten verwendet wurde, um antisemitische Verschwörungstheorien zu legitimieren. Das ist nicht meine Absicht. Ich meine mit »Kulturmarxismus« genau das, was der Begriff bedeutet: Der Wille, für eine gleiche
Verteilung von kulturellen Gütern in der Gesellschaft zu sorgen, indem man
eine vermeintlich kulturelle Herrschergruppe entmachtet.
8. https://www.facebook.com/DLFKultur/photos/a.459362520742028/2561
048640573395/?type=3.
9. Rauschenberger, Pia, Trang Thu Tran: »Die unangenehme Wahrheit sozialer
Ungerechtigkeit«, Deutschlandfunk Kultur, 27. Juli 2019, online unter: https://
www.deutschlandfunkkultur.de/psychologie-und-privilegien-die-unange
nehme-wahrheit.976.de.html?dram:article_id=452441.

Fakten-Check: Es gibt keine »rassistische Struktur«

1. Das betrifft den Medianlohn, also das mittlere Einkommen.
2. Specht, Frank: »Darum wächst die Lohnlücke zwischen Deutschen und Einwanderern«, Handelsblatt, 22. Januar 2020, online unter: https://www.han delsblatt.com/politik/deutschland/arbeitsmarkt-darum-waechst-die-lohn luecke-zwischen-deutschen-und-einwanderern/25459788.html?ticket=ST-126814-Wnv0aKWVP2GN0fCUQSXY-ap3.
3. »Lohnstudie – Einwanderer verdienen weniger«, FAZ, 21. Dezember 2015, online unter: https://www.faz.net/aktuell/wirtschaft/wirtschaftspolitik/ loehne-von-migranten-niedriger-als-von-deutschen-sagt-das-iab-13979069. html.
4. »Bildung und Migration«, online unter: https://www.bildungsbericht.de/ de/bildungsberichte-seit-2006/bildungsbericht-2016/pdf-bildungsbericht-2016/h_web2016.pdf.
5. Kaiser, Tobias: »Die Mär von der schlechten Bildung der Migrantenkinder«, Welt, 29. Mai 2018, online unter: https://www.welt.de/wirtschaft/article 176790313/OECD-Das-Bildungswunder-der-Migrantenkinder-und-die-grosse-Enttaeuschung.html.
6. Hasters, S. 90.
7. Hasters, S. 143.
8. Hasters, S. 124.
9. Bernau, Patrick: »Warum Frauen so wenig Gehalt erwarten«, FAZ, 03. August 2020, online unter: https://blogs.faz.net/fazit/2020/08/03/gender-pay-gap-und-erwartungen-von-frauen-11581/.
10. Ebd.
11. Ebd.
12. Urteil des Thüringer Verfassungsgerichtshofes vom 15. Juli 2020, online unter: http://www.thverfgh.thueringen.de/webthfj/webthfj.nsf/8104B54FE2 DCDADDC12585A600366BF3/$File/20-00002-U-A.pdf?OpenElement.
13. Locke, Stefan: »Nach Klage der AFD – Verfassungsgericht kippt Paritätsgesetz in Thüringen«, Frankfurter Allgemeine, 15. Juli 2020, online unter: https:// www.faz.net/aktuell/politik/inland/afd-klage-verfassungsgericht-kippt-paritaetsgesetz-in-thueringen-16861684-p2.html.
14. Pressemitteilung des Verfassungsgerichts in Brandenburg, 23. Oktober 2020, online unter: https://verfassungsgericht.brandenburg.de/verfgbbg/de/presse-statistik/pressemitteilungen/detail/~23-10-2020-paritaetsgesetz-verfas-sungswidrig.
15. DiAngelo, S. 70–71.
16. DiAngelo, S. 101.
17. Ogette, S. 121.

18. »Wo versteckt sich Rassismus?«, ARD, 05. August 2020, online unter: https://www.ardmediathek.de/ard/video/puls-reportage/wo-versteckt-sich-rassismus/br-de/Y3JpZGVvL2JyLmRlL3ZpZGVvLzRmZDRmOWMzLTVkYzQtNDJiZC05OTc4LTExNzAyYWEwNTg2Zg/.
19. Ogette, S. 56.
20. Ebd.
21. Hasters, S. 5.
22. Ogette, S. 59.
23. Ebd.
24. Ebd.
25. Hasters, S. 5.
26. »Wo versteckt sich Rassismus?«, ARD, 05. August 2020, online unter: https://www.ardmediathek.de/ard/video/puls-reportage/wo-versteckt-sich-rassismus/br-de/Y3JpZGVvL2JyLmRlL3ZpZGVvLzRmZDRmOWMzLTVkYz-QtNDJiZC05OTc4LTExNzAyYWEwNTg2Zg/.
27. Amjahid, Mohamed: »Rassismus als System – Historisch tief verwoben«, taz, 16. August 2020, online unter: https://taz.de/Rassismus-als-System/!5702380/.
28. »Aminata Bell im Interview – Alltagsrassismus: ›Sagt was!‹«, ZDF, 05. Juni 2020, online unter: https://www.zdf.de/nachrichten/video/politik-aminata-belli-alltagsrassismus-100.html.
29. Natürlich ist es gut, wenn sich Minderheiten zu Wort melden und sich darüber beschweren, dass sie in der Gesellschaft, auf dem Markt oder in anderen Bereichen benachteiligt oder seltener abgebildet werden. Umso besser, wenn sich die Politik und Wirtschaft den Minderheiten anpassen. Dennoch ist es absurd, diese Mehrheitspolitik als Beweis für das Weiterleben kolonialer Strukturen zu sehen.
30. Die Art und Weise, wie sich ein Subjekt oder ein Mensch selbst definiert.
31. Noch mal: Hier wird behauptet, dass der Fakt, dass die meisten Menschen in Deutschland eine weiße Hautfarbe haben, »konstruiert« – also nicht real – sei.
32. Netzwerk Trans*-Inter*-Sektionalität: »Intersektionale Beratung von/zu Trans* und Inter*«, September 2014, online unter: https://www.antidiskriminierungsstelle.de/SharedDocs/Downloads/DE/Literatur_Themenjahr_Geschlecht/Intersektionale%20Beratung.pdf?__blob=publicationFile&v=1.
33. https://www.instagram.com/p/CGkcXfPnJuA/.
34. Bundeskonferenz der Migrantenorganisationen: »Anti-Rassismus Agenda 2025 – für eine rassismusfreie und chancengerechte Einwanderungsgesellschaft«, Maßnahmenkatalog des Begleitausschusses der BKMO, https://bundeskonferenz-mo.de/wp-content/uploads/2020/08/200831_Antirassismus-Agenda-2025_BKMO.pdf.
35. Stand: Februar 2021.

36. »Wir wollen den Aufbruch in die Gesellschaft der Vielen! #EinWirFürAlle«, online unter:https://www.pscp.tv/w/1nAJEApBlNAJL?t=11m19s.

37. »Cis« ist das Gegenteil von »trans« und bezeichnet Menschen, die sich mit dem Geschlecht, mit dem sie geboren wurde, identifizieren.

38. »Wir wollen den Aufbruch in die Gesellschaft der Vielen! #EinWirFürAlle«, online unter:https://www.pscp.tv/w/1nAJEApBlNAJL?t=11m19s.

39. »Aktionsplan gegen Rassismus«, 01. März 2020, online unter: https://www. gruene.de/artikel/aktionsplan-gegen-rassismus.

40. https://twitter.com/sibelschick/status/1327931152443842561.

41. Amjahid, Mohamed: Wie Schwarze und PoC deutschen Journalismus retten …«, re:publica Campus, 20. Oktober 2020, online unter: https://www. youtube.com/watch?v=mH-E8ITq4qs.

42. Wellisch, Felix: »›Überraschende Ausschläge bei AfD und FDP‹«, Spiegel, 03. November 2018, online unter: https://www.spiegel.de/politik/deutschland/ deutschland-wie-waehlen-menschen-mit-migrationshintergrund-a-12359 14.html.

43. https://twitter.com/_donalphonso/status/1322140320847536128/ photo/1.

Cancel Culture

1. »Hauptpasswort statt Master-Passwort«, online unter: https://support.mo zilla.org/de/kb/hauptpasswort-statt-master-passwort.

2. Lokoschat, Timo: »Die Simpsons rassistisch? Das ist doch ein Witz!«, Bild.de, 20. Januar 2020, online unter: https://www.bild.de/politik/kolumnen/ko lumne/kommentar-die-simpsons-rassistisch-ein-schlechter-witz-67422052. bild.html.

3. Basad, Judith Sevinç: »›Der Drang nach Authentizität ist zu einer Ideologie geworden‹, sagt Tom McCarthy«, Neue Züricher Zeitung, 28. August 2019, online unter: https://www.nzz.ch/feuilleton/der-drang-nach-authentizitaet-ist-zu-einer-ideologie-geworden-sagt-tom-mccarthy-ld.1502352.

4. Sarmah, Sattah: »Is Obama Black Enough?«, Columbia Journalism Review, 15. Februar 2007, online unter: https://archives.cjr.org/politics/is_obama_ black_enough.php.

5. Yaghoobifarah, Hengameh: »Fusion Revisited: Karneval der Kulturlosen«, Missy Magazin, 05. Juli 2016, online unter: https://missy-magazine.de/ blog/2016/07/05/fusion-revisited-karneval-der-kulturlosen/.

6. Schamann, Simone: »Korrekter Karneval – Kita verbietet Kindern Indianer-Kostüm«, Nordkurier, 05. März 2019, online unter: https://www.nordkurier. de/kultur-und-freizeit/kita-verbietet-kindern-indianer-kostuem-05347 47803.html.

7. Himmelrath, Armin: »Kein Kita-Karneval an Rosenmontag«, Spiegel, 22. Januar 2020, online unter: https://www.spiegel.de/panorama/bildung/erfurt-kein-kita-karneval-an-rosenmontag-a-84fb7cad-8582-4e51-b427-94437fb6bbdc.

8. Hasters, S. 91.

9. Ebd.

10. https://twitter.com/EinAugenschmaus/status/1278251413320204289.

11. https://twitter.com/SophiaMariaKa/status/1278416283923603456.

12. Basad, Judith Sevinç: »Toxische Männlichkeit: Wie nordamerikanische Psychologen Männer krank machen«, Neue Züricher Zeitung, 18. Januar 2019, online unter: https://www.nzz.ch/feuilleton/psychologenverband-macht-toxische-maennlichkeit-zur-wissenschaft-ld.1452056.

13. https://twitter.com/JSevincBasad/status/1213870952657903623/photo/1.

14. Pines, Sarah: »Die Oscar-Academy will Hollywood erziehen – und Gleichberechtigung erzwingen«, Neue Züricher Zeitung, 11. September 2020, online unter: https://www.nzz.ch/feuilleton/die-oscar-academy-verpflichtet-hollywood-zu-diversity-quoten-ld.1575984.

15. »Mehr Diversität im Film«, Filmförderung Hamburg Schleswig-Holstein, online unter: https://www.ffhsh.de/de/ueber_die_filmfoerderung/diversity-checklist-filmfoerderung.php.

16. Witzig: Der zweite Teil der Borat-Reihe steigt damit ein, dass Borat von den Kasachen ins Gulag gesperrt wurde, weil er im ersten Film die Ehre der Nation beschmutzt hat. Das kann man als Seitenhieb gegen die Feministinnen verstehen, die so humorlos sind, dass sie eine offensichtliche Parodie nicht checken und sofort »Zensur!« rufen, wenn ihnen etwas nicht in den Kram passt.

17. Oppel, Max: »Kontroverse um Eugen Gomringer Gedicht – Kunstfreiheit versus Sexismusvorwurf«, Deutschlandfunk Kultur, 01. September 2017, online unter: https://www.deutschlandfunkkultur.de/kontroverse-um-eugen-gomringers-gedicht-kunstfreiheit.2156.de.html?dram:article_id=394868.

18. Ruthe, Ingeborg: »Kommentar zur Pädophilie-Debatte: Zu aufreizend für Berlins Sittenwächter«, Berliner Zeitung, 03. März 2014, online unter: https://www.berliner-zeitung.de/mensch-metropole/kommentar-zur-paedophilie-debatte-zu-aufreizend-fuer-berlins-sittenwaechter-li.10490.

19. Hofer, Joachim: »Adidas trennt sich von Personalchefin Karen Parkin«, Handelsblatt, 30. Juni 2020, online unter: https://www.handelsblatt.com/unternehmen/handel-konsumgueter/sportartikelhersteller-adidas-trennt-sich-von-personalchefin-karen-parkin/25964350.html?ticket=ST-12825377-snV3IzwRrApb67dWi1OR-ap1.

20. https://twitter.com/JSevincBasad/status/1220405092622458881.

21. Haupt, Friederike: »Attacken an Humboldt-Uni – Unser Professor, der Rassist«, Frankfurter Allgemeine, 17. Mai 2015, online unter: https://www.faz. net/aktuell/politik/inland/attacken-gegen-professoren-muenkler-und-ba berowski-13596126-p3.html.

22. Lau, Miriam: »Jörg Baberowski – Diese radikalen Studenten«, Zeit.de, 11. April 2017, online unter: https://www.zeit.de/2017/16/joerg-baberowski-humboldt-universitaet-studenten-streit-rechtsextremismus.

23. Ebd.

24. Schupelius, Gunnar: »Linke jagen Berliner Zahnarzt und bekommen Geld vom Staat«, Berliner Zeitung, 18. Mai 2016, online unter: https://www.bz-berlin.de/berlin/kolumne/linke-jagen-berliner-zahnarzt-und-bekommen-geld-vom-staat.

25. https://twitter.com/mesarosch/status/1184437816664743936?ref_src=tw src%5Etfw%7Ctwcamp%5Etweetembed%7Ctwterm%5E118443781666474 3936%7Ctwgr%5E%7Ctwcon%5Es1_&ref_url=https%3A%2F%2Fwww.sa lonkolumnisten.com%2Ftotalitaerer-als-die-afd%2F.

26. Martenstein, Harald: »Über eine Protestaktion gegen eine Marteinstein-Lesung und den Umgang mit Andersdenkenden«, Zeit-Magazin, 26. August 2020, online unter: https://www.zeit.de/zeit-magazin/2020/36/harald-martenstein-cancel-culture.

27. Venske, Regula: »Es gibt vielfältige Formen von Zensur«, Börsenblatt, 10. August 2020, online unter: https://www.boersenblatt.net/news/literatur szene/es-gibt-vielfaeltige-formen-von-zensur-113107.

28. Eckardt wurde unterstellt, dass sie antisemitische Witze mache. Dieser Vorwurf ist aber nicht haltbar. Man mag ihre Witze geschmacklos finden, man mag sich auch die Frage stellen, ob sie als Nicht-Jüdin in der Position sein darf, Judenwitze zu machen. Fakt ist aber: Eckardt ist weit davon entfernt, antisemitische Stereotypen zu reproduzieren. Vielmehr stellt sie Rassismus, Antisemitismus und Sexismus übertrieben aus, um diese Denkweisen somit zu zerstören. Das ist für alle ziemlich klar. Dennoch wird sie als Antisemitin dargestellt.

29. https://twitter.com/hallaschka_hh/status/1187367663972093954.

30. Winterzauber, Stefan: »Greta, Hitler, Stalin: ›Kieler Nachrichten‹ entschuldigen sich bei Dieter Nuhr nach Shitstorm für ›missverständliche Formulierungen«, Meedia, 27. November 2019, online unter: https://meedia.de/ 2019/11/27/greta-hitler-stalin-kieler-nachrichten-entschuldigen-sich-bei-dieter-nuhr-nach-shitstorm-fuer-missverstaendliche-formulierungen/.

31. »Zuschauer verlassen Nuhr-Auftritt wegen Witzen? Kabarettist widerspricht«, Focus online, 29. Januar 2020, online unter: https://www.focus.de/kultur/essen-klima-und-hoecke-witze-zwei-maenner-verlassen-bei-die ter-nuhr-unter-getoese-den-saal_id_11599624.html.

32. https://twitter.com/ulfposh/status/1312767533662056450.

33. Sax, Leonard: »How common is intersex?«, Journal of Sex Research, 1. August 2002, online unter: https://www.leonardsax.com/how-common-is-intersex-a-response-to-anne-fausto-sterling/.
34. https://twitter.com/Rene_mtf/status/1270663566664720387.
35. https://twitter.com/wokal_distance/status/1290479330477240320/photo/1.
36. Lindsay, James: »2+2 Never Equals 5«, New Discourses, 03. August 2020, online unter: https://newdiscourses.com/2020/08/2-plus-2-never-equals-5/.
37. Ebd.
38. Gutiérrez, Rochelle: »Living Mathematix: Towards a vision for the future«, online unter: https://files.eric.ed.gov/fulltext/ED581384.pdf.
39. Lindsay, James: »2+2 Never Equals 5«, New Discourses, 03. August 2020, online unter: https://newdiscourses.com/2020/08/2-plus-2-never-equals-5/.

Von Spätz*innen und Gäst*innen

1. Die Sichtbarkeit der Frau muss also der Sichtbarkeit von Transsexuellen weichen. Das ist insofern interessant, als dass Frauen 50 Prozent der Bevölkerung – und Transsexuelle nur 0,6 Prozent der Bevölkerung ausmachen.
2. Köhler, Tanja, Annika Schneider: »Geschlechtergerechte Sprache in den Nachrichten«, Deutschlandfunk, 01. Juni 2020, online unter: https://www.deutschlandfunk.de/aus-der-nachrichtenredaktion-geschlechtergerechte-sprache.2533.de.html?dram:article_id=477770.
3. Diversity-Landesprogramm, 11. September 2020, online unter: https://www.parlament-berlin.de/ados/18/Recht/vorgang/r18-0250-v.pdf.
4. »Geschlechtergerechtigkeit in Wort und Tat«, online unter: https://frankfurt.de/service-und-rathaus/verwaltung/aemter-und-institutionen/frauenreferat/aktuelles/gendergerechte-sprache.
5. Eisenberg, Peter: »Warum korrekte Grammatik Gendersternchen braucht«, FAZ, 23. Oktober 2020, online unter: https://www.faz.net/aktuell/feuilleton/debatten/richtige-grammatik-braucht-keine-sonderzeichen-fuers-geschlecht-17015164.html.
6. Ebd.
7. Fischer, Karin: »Judith Sevinç Basad vs. Anatol Stefanowitsch: »Sollen die Öffentlich-Rechtlichen gendergerecht sprechen?«, Deutschlandfunk, 27. Juni 2020, online unter: https://www.deutschlandfunk.de/judith-sevinc-basad-vs-anatol-stefanowitsch-sollen-die.2927.de.html?dram:article_id=479445.

8. Trutkowski, Ewa: »Vom Gender zu politischen Rändern«, Neue Züricher Zeitung, 22. Juli 2020, online unter: https://www.nzz.ch/feuilleton/genderge rechte-sprache-die-diskussion-ist-politisch-vergiftet-ld.1567211.

9. »Frauenanteil unter den Lehrkräften in Deutschland nach Schulart 2020«, Statista, 18. September 2020, online unter: https://de.statista.com/statistik/daten/studie/1129852/umfrage/frauenanteil-unter-den-lehrkraeften-in-deutschland-nach-schulart/#:~:text=Im%20Schuljahr%20 2018%2F2019%20belief,teilzeitbesch%C3%A4ftigte%20sowie%20stundenweise%20besch%C3%A4ftigte%20Lehrkr%C3%A4fte.

10. Goertz, Wolfram: »Mehr Studentinnen, mehr Angestellte – Die Medizin wird weiblicher«, RP online, 13. August 2018, online unter: https://rp-online.de/ leben/gesundheit/die-medizin-wird-weiblicher_aid-24348455.

11. Trutkowski, Ewa: »Vom Gender zu politischen Rändern«, Neue Züricher Zeitung, 22. Juli 2020, online unter: https://www.nzz.ch/feuilleton/genderge rechte-sprache-die-diskussion-ist-politisch-vergiftet-ld.1567211.

12. Ebd.

13. »Justizministerium ändert Gesetzentwurf ins generische Maskulinum«, Zeit. de, 14. Oktober 2020, online unter: https://www.zeit.de/politik/deutsch land/2020-10/insolvenzrecht-bundesjustizministerium-generisches-masku linum-weibliche-endungen.

14. »Keine Mehrheit für ›BürgerInnenmeister‹«, Börsenblatt, 5. April 2019, online unter: https://www.boersenblatt.net/archiv/1635567.html.

15. Gaschke, Susanne: »Mehrheit der Frauen will keine Gendersternchen«, 31. Mai 2020, Welt, online unter: https://www.welt.de/politik/deutschland/ article208647269/Umfrage-Mehrheit-der-Deutschen-lehnt-Genderstern chen-ab.html.

16. Fischer, Karin: »Judith Sevinç Basad vs. Anatol Stefanowitsch: »Sollen die Öffentlich-Rechtlichen gendergerecht sprechen?«, Deutschlandfunk, 27. Juni 2020, online unter: https://www.deutschlandfunk.de/judith-sevinc-basad-vs-anatol-stefanowitsch-sollen-die.2927.de.html?dram:article_ id=479445.

17. Pelta Feldman, Julia: »Bildersturm und Gerechtigkeit – Warum unsere Denkmäler uns im Stich lassen«, Deutschlandfunk, 25. Oktober 2020, online unter: https://www.deutschlandfunk.de/bildersturm-und-gerechtigkeit-warum-unsere-denkmaeler-uns.1184.de.html?dram:article_id=486082&xtor=AD-251-%5B%5D-%5B%5D-%5B%5D-%5Bdlf-mobil%5D-%5B%5D-%5B%5D.

Schäm dich!

1. https://twitter.com/zeitonline/status/1320964525705875456.

2. Lindsay, James:« Diversity, Inclusion, Equity«, Sovereign Nations, online unter: https://www.youtube.com/watch?v=3jLNgLABuTw.

3. DiAngelo, S. 64.

4. Ebd.

5. Ebd., S. 67.

6. https://twitter.com/JSevincBasad/status/1266105889813135361.

7. Diestelmann, Ester, Kokutekeleza Musebeni, »White Fragility – Warum Weiße Rassismus so leicht übersehen«, br.de, 15. Dezember 2020, online unter: https://www.br.de/radio/bayern2/sendungen/zuendfunk/white-fragility-warum-weisse-rassismus-so-leicht-uebersehen100.html.

8. Busche, Andreas: »Weiße Empfindlichkeit – Warum es so schwer fällt, über Rassismus zu reden«, Tagesspiegel, 27. Juli 2020, online unter: https://plus.tagesspiegel.de/kultur/weisse-empfindlichkeit-warum-es-so-schwer-faellt-ueber-rassismus-zu-reden-27240.html.

9. Wermelskirchen, Simone: »Warum sich beim Thema Rassismus jeder selbst hinterfragen sollte«, 11. Juni 2020, online unter: https://www.handelsblatt.com/arts_und_style/literatur/buchtipp-warum-sich-beim-thema-rassismus-jeder-selbst-hinterfragen-sollte/25896530.html?ticket=ST-2357363-chUDLqTVPeHfwoRxGeKB-ap4.

10. Lerch, Christian: »Was Rassismus mit jedem Einzelnen von uns zu tun hat – ›Meine Hautfarbe tut weh‹«, Deutschlandfunk, 01. Dezember 2019, online unter: https://www.deutschlandfunkkultur.de/was-rassismus-mit-jedem-einzelnen-von-uns-zu-tun-hat-meine.3640.de.html?dram:article_id=464474.

11. Brockschmidt, Lisa: »Was darf man noch? Rassismus und die weiße Zerbrechlichkeit«, hr-info, 31. Juli 2020, online unter: https://www.hr-inforadio.de/programm/themen/was-darf-man-noch-rassismus-und-die-weisse-zerbrechlichkeit,rassismus-debatte-100.html.

12. Martin, Marko: »Robin DiAngelo und ihr Rat für Weiße«, Welt, 23. Juli 2020, online unter: https://www.welt.de/kultur/plus211891581/Black-lives-matter-Robin-DiAngelo-und-ihr-Rat-fuer-Weisse.html.

13. https://www.instagram.com/p/CG15lQkHRMO/.

14. https://www.instagram.com/p/CHIIU4pH9pR/.

15. https://www.instagram.com/p/CG2aHU1H3-g/.

16. https://www.instagram.com/p/CCp8P4CH9jb/.

17. In dem Podcast »Vocal About« erzählt eine schwarze Aktivisten, dass sie ihrem weißen Freund die Freundschaft kündigte, weil er es als weißer Mann wagte, einen Input-Vorschlag für den Podcast zu machen und sich im Anschluß weigerte, sich mit den ideologischen Artikeln zu beschäftigen, die ihm die Aktivistin zuschickte.

18. https://www.instagram.com/p/CE3ixQ9HKkI/.

19. https://www.instagram.com/p/CGSEyImHUab/.

20. https://www.instagram.com/p/CGkcXfPnJuA/.

21. https://twitter.com/ardbuchmesse/status/1185922891541549057.

22. Ogette, S. 24.
23. Ebd.
24. Ebd., S. 25.
25. Ebd.
26. Ogette, S. 26.
27. Ebd.
28. Ebd., S. 30.
29. Ebd.
30. Ogette, S. 41–42.
31. Ogette, .70.
32. Ogette, Tupoka: *exit RACISM*, S. 42, UNRAST Verlag. Kindle-Version.
33. Ebd., S. 70.
34. Ebd., S. 43.
35. Ebd., S. 137.
36. Schubert, Kevin: »Warum wir rassismuskritisch denken müssen«, ZDF, 13. Juni 2020, online unterhttps://www.zdf.de/nachrichten/politik/tupoka-ogette-rassismuskritik-100.html.
37. Jolles, André: *Einfache Formen: Legende, Sage, Mythe, Rätsel, Spruch, Kasus, Memorabile, Märchen, Witz*, Tübingen 1982. S. 36.
38. Von Kempen, Thomas: »Wie man in der Geduld und im Kampf gegen das Böse bestehe kann«, zwölftes Kapitel, online unter: https://www.projekt-gutenberg.org/thomasvk/nachfolg/chap049.html.
39. DiAngelo, S. 179.
40. Lenthang, Marlene: White police officers and community members wash the feet of black faith leaders in North Caroliner to ›express humility and love‹«, Daily Mail, 07. Juni 2020, online unter: https://www.dailymail.co.uk/news/article-8397065/White-police-officers-community-members-wash-feet-black-faith-leaders-protest.html.
41. Wienand, Lars: »Bei ›Black Lives Matter‹-Demo — Basketballprofi: Deshalb machten Kölner Polizisten Kniefall«, t-online, 15. Juni 2020, online unter: https://www.t-online.de/nachrichten/deutschland/innenpolitik/id_8805 4544/bei-black-lives-matter-demo-deshalb-machten-koelner-polizisten-kniefall.html.
42. Grau, Alexander: *Hypermoral: Die neue Lust an der Empörung*, (S. 35–36). Claudius Verlag, S. 35 f., Kindle-Version.
43. Ebd., S. 37.
44. »Studien über Hysterie«.
45. Schubert, Kevin: »Warum wir rassismuskritisch denken müssen«, ZDF, 13. Juni 2020, online unterhttps://www.zdf.de/nachrichten/politik/tupoka-ogette-rassismuskritik-100.html.
46. Bönkost, Jule: »*Weiße* Emotionen – Wenn Hochschullehre Rassismus thematisiert«, IDB Papier, 2016, online unter: https://diskriminierungsfreie-bil

dung.de/wp-content/uploads/2016/07/IDB-Paper-No-1_Wei%C3%9Fe-Emotionen.pdf.

47. Bönkost, Jule: »Rassismusrelevante Emotionen *weißer* Lernender als Herausforderung diversitätsbewusster Lehre«, online unter: https://www.gender diversitylehre.fu-berlin.de/toolbox/_content/pdf/Boenkost-2018_barriere frei.pdf.

48. https://www.antidiskriminierungsstelle.de/DE/ThemenUndForschung/ Projekte/Bildung/02_Diskriminierung_in_der_Schule/02_Hinweise_und_ Kontaktmoeglichkeiten/Ansprechpartner_innen_node_neu_2020.html.

49. Bönkost, Jule: Dekonstruktion von Rassismus in Schulbüchern«, 2020, online unter: https://www.jule.boenkost.de/docs/Dekonstruktion%20von%20 Rassismus%20in%20Schulb%C3%BCchern.pdf.

50. Autor*innenKollektiv: »Rassismuskritischer Leitfaden«, 2015, online unter: https://www.elina-marmer.com/wp-content/uploads/2015/03/IMAF REDU-Rassismuskritischer-Leiftaden_Web_barrierefrei-NEU.pdf.

51. IDA-NRW (Hg.): »Kinder- und Jungendarbeit zu rassismuskritischen Orten entwickeln«, 2016, online unter: https://www.ida-nrw.de/fileadmin/user_ upload/reader/Broschuere_Kinder-uJugendarbeit.pdf.

52. »Rassismus ist kein Randproblem«, online unter: https://www.amadeu-an tonio-stiftung.de/wp-content/uploads/2019/05/Comic-Handreichung_ Rassismus_ist_kein_Randproblem.pdf.

53. Ebd.

54. »Nicht von jetzt auf gleich?! Wie können Teams Haltungen entwickeln?«, 2019, online unter: http://www.jugendsozialarbeit.info/jsa/lagkjsnrw/web. nsf/gfx/med_aida-bfgdmz_67d34/$file/Leitfaden_Rassismuskritik.pdf.

55. Benbrahim, Karima: »Rassimuss (be)trifft uns ALLE – Rissismusktitische Perspektiven in der Bildungsarbeit«, IDA, online unter: https://www.vielfalt-mediathek.de/wp-content/uploads/2020/12/karima_benbrahim_rassis-mus_betrifft_uns_alle__rassismuskritische_perspektiven_in_der_bildungs-arbeit_vielfalt_mediathek_1.pdf.

56. Projektbericht: Engagement des Jugendforums Rheda-Wiedenbrück, 2019, online unter: https://www.vhs-re.de/fileadmin/user_upload/Dokumente/ PDF_Download/Abschlussbericht_Jugendforum_2019_Homepage-Fassung. pdf.

57. Forschungsinstitut berufliche Bildung (Hg.); »Vielfalt in der Ausbildung. Ein Methodenkoffer für Lehrende und Ausbilder*innen in der beruflichen Bildung«, 2018, online unter:https://www.vielfalt-mediathek.de/media thek/7176/vielfalt-in-der-ausbildung-ein-methodenkoffer-f-r-lehrende-und-ausbilder-innen-i.html.

58. »Erfahrungen mit Rassismus: Experiment dokumentiert Unterschiede«, ZDF, 26. Julie 2020, online unter: https://www.zdf.de/nachrichten/video/poli tik-dunja-hayali-rassismus-experiment-100.html.

59. Hannah Arendt: *Elemente totaler Herrschaft*, Frankfurt am Main, 1958, S. 271.
60. Hannah Arendt: *Elemente totaler Herrschaft*, München 1991, S. 975.
61. DiAngelo, S. 27.
62. Ebd.
63. Ebd. S. 30.
64. Kimberlé Crenshaw weist in ihrem vielzitierten Aufsatz »Mapping the Margins« explizit darauf hin, dass die Identität einer schwarzen Person nicht durch ihr Menschsein, sondern durch ihre Hautfarbe determiniert sein sollte, um Unterdrückung und Ausgrenzung in der Gesellschaft zu verhindern. Im Wortlaut heißt es dort: »(…) ›I am a person who happens to be Black,‹ on the other hand, achieves self-identification by straining for a certain universality (in effect, »I am first a person«) and for a concomitant dismissal of the imposed category (›Black‹) as contingent, circumstantial, non-determinant. There is truth in both characterizations, of course, but they function, quite differently depending on the political context. At this point in history, a strong case can be made that the most critical resistance strategy for disempowered groups is to occupy and defend a politics of social location rather than to vacate and destroy it.«

Siehe: Crenshaw, K.: (2005). *Mapping the Margins: Intersectionality, Identity Politics, and Violence against Women of Color* (1994). In R. K. Bergen, J. L. Edleson, & C. M. Renzetti: *Violence against women: Classic papers* (p. 282–313). Pearson Education New Zealand. Oder: https://pdfs.semanticscholar.org/734f/8b582b7d7bb375415d2975cb783c839e5e3c.pdf?_ga=2.142745138.625138652.1610919692-1177865976.1610919692.
65. DiAngelo, S. 169–170.
66. DiAngelo, S. 172.
67. https://twitter.com/MalcolmOhanwe/status/1182629535960981504.
68. DiAngelo, S. 174.
69. Ebd., S. 172.
70. Orwell, George: *1984*, Ullstein, Kindle-Version, S. 82–83.
71. Schrader, Hannes: »Warum liebe ich nur weiße Frauen?«, Zeit.de, 14. Juni 2018, online unter: https://www.zeit.de/campus/2018-05/dating-rassismus-hautfarbe-liebe-diversitaet/.
72. Vu, Vanessa, Amna Franzke, Hasan Gökkaya: »20 Empfehlungen, um Weniger Rassistisch zu sein«, Zeit.de, 21. Juni 2018, online unter: https://www.zeit.de/campus/2018-05/rassismus-empfehlungen-alltag-diskriminierung-erfahrungen.
73. Thiede, Lara: ›Wir sind ausgerüstet mit Handspiegeln, Handtüchern und Gleitgel‹«, jetzt, 29. April 2018, online unter: https://www.jetzt.de/sex/pia-voz-picunt-ueber-ihren-ejakulations-workshop-an-der-uni-bielefeld.

74. https://twitter.com/TamaraWernli/status/1292017591456796677/photo/1.
75. Hasters, S. 163.
76. Ebd., S. 166.
77. Ebd., S. 167.
78. Ebd., S. 168.
79. Ebd., S. 170.
80. Ebd., S. 168.
81. Ebd., S. 169.
82. Ebd.

Mit Islamisten kuscheln

1. Stokowski, Margarete: »Wie kann ich als Mann Feminist sein?«, Spiegel, 16. April 2019, online unter: https://www.spiegel.de/kultur/gesellschaft/wie-koennen-maenner-feministen-sein-kolumne-a-1263070.html.
2. Kolfta, Jasmin: »Opfer verschweigt Vergewaltigung durch Flüchtlinge«, NDR, 26. Juli 2016, online unter: https://daserste.ndr.de/panorama/archiv/2016/Opfer-verschweigt-Vergewaltigung-durch-Fluechtlinge,selin100.html.
3. Schneider, Anna, Lucien Scherrer: »Schwulenhass, Islamismus und linke Realitätsverweigerung in Berlin-Neukölln«, Neue Züricher Zeitung, 19. November 2020, online unter: https://www.nzz.ch/international/schwulenhass-islamismus-und-realitaetsverweigerung-in-neukoelln-ld.1586497.
4. Ebd.
5. https://twitter.com/MiKellner/status/1336950616590082050.
6. Khalife, Leyal: »When will people stop comparing jihabis to wrapped candy and sealed letters?«, stepfeed, 03. Januar 2019, online unter: .https://stepfeed.com/when-will-people-stop-comparing-hijabis-to-wrapped-candy-and-sealed-letters-7264.
7. Balci, Güner Yasemin: »Der Jungfrauenwahn«. (ZDF/Das kleine Fernsehspiel), Kathrin Brinkmann (ZDF/ARTE THEMA), 2015, online unter: https://www.bpb.de/mediathek/248634/der-jungfrauenwahn.
8. Ebd.
9. Terre des Femmes e.V. (Hg.): »Folgende Opfer eines sogenannten Ehrenmordes aus dem Jahr 2019 bis Januar 2020 sind uns bekannt (Versuche werden mitgezählt«, Januar 2020, online unter: https://frauenrechte.de/images/downloads/ehrgewalt/aktuelles/Ehrenmorde-2019.pdf.
10. Wintour, Patrick: »Iranian teenager who posted distorted pictures of herself is jailed for 10 years«, Guardian, 11. Dezember 2020, online unter: https://www.theguardian.com/world/2020/dec/11/iranian-teenager-jailed-10-years-distorted-pictures-instagram-sahar-tabar.

11. Schippmann, Antje: »Ein Kuss in Teheran, so harmlos, so verhängnisvoll«, Welt, 24. Mai 2020, online unter: https://www.welt.de/politik/ausland/article208197601/Iran-Ein-Kuss-in-Teheran-so-harmlos-so-verhaengnisvoll.html.

12. Halser, Marlene: »Muslima über das Kopftuch-Tragen – ›Nur eine Verpackung, mehr nicht‹«, taz, 25. April 2015, online unter: https://taz.de/Muslima-ueber-das-Kopftuch-Tragen/!5011223/.

13. Bopp, Lena: »Ernüchternde Antworten – So sieht sich der arabische Mann«, Frankfurter Allgemeine, 04. Mai 2017, online unter: https://www.faz.net/aktuell/feuilleton/debatten/un-studie-untersucht-das-selbstbild-des-arabischen-mannes-14998492.html.

14. Klartext zur Integration: *Gegen falsche Toleranz und Panikmache*, Kindle Version, 2018 Frankfurt a. M.

15. Ebd., Positionen 721–722.

16. Ebd., 741–742.

17. Ebd., 744–748.

18. Ebd., 808–814.

19. Meßmer, Anna-Katharina: *Überschüssiges Gewebe. Intimchirurgie zwischen Ästhetisierung und Medikalisierung*, Wiesbaden 2017, S. 222.

20. Ebd., S. 231.

21. Asefaw, Fana, Daniela Hrzán: *Female Genital Cutting – Eine Einführung*, ZtG-Bulletin, Nr. 28, 2005, S. 8–21, hier: S. 10.

22. Ebd., S. 11.

23. https://twitter.com/MsOeming/status/1349620115277553670.

24. https://twitter.com/MsOeming/status/1349988145018896385.

25. Brunner, Claudia: *Wissensobjekt Selbstmordattentat. Epistemische Gewalt und okzidentalistische Selbstvergewisserung in der Terrorismusforschung*, Wiesbaden 2011, S. 119–120.

26. Ebd., S. 36.

27. Butler, Judith: *Raster des Krieges. Warum wir nicht jedes Leid betrauern*, Frankfurt am Main 2010, S. 46 f.

28. Ebd., S. 146.

29. »Beuteland – Die Millionengeschäfte krimineller Clans«, RBB, 03. März 2020, online unter: https://www.ardmediathek.de/rbb/video/dokumentation-und-reportage/beuteland-die-millionengeschaefte-krimineller-clans/rbb-fernsehen/Y3JpZDovL3JiYi1vbmxpbmUuZGUvZG9rdS8yMDIwLTAzLTAzVDIxOjE1OjAwX2FkZTYwMmJmLTVkMWMtNDVmNS05NDQ3LWMwZWA3ZGdiZTQ5Mi9iZXV0ZWxhbmQ/.

30. Mudi: Utanmadin mi feat. Derya, Bêśâŕŧ Bêśâŕŧ, 23. Mai 2020, online unter: https://www.youtube.com/watch?v=rVptoV3miRQ.

31. »Beuteland – Die Millionengeschäfte krimineller Clans«, RBB, 03. März 2020, online unter: https://www.ardmediathek.de/rbb/video/dokumenta-

tion-und-reportage/beuteland-die-millionengeschaefte-krimineller-clans/
rbb-fernsehen/Y3JpZDovL3JiYi1vbmxpbmUuZGUvZG9rdS8yMDIwLTAzL-
TAzVDIxOjE1OjAwX2FkZTYwMmJmLTVkMWMtNDVmNS05NDQ3LWM-
wZDA3ZDdiZTQ5Mi9iZXV0ZWxhbmQQ/.

32. Neue deutsche Medienmacher*innen: »NdM-Medienpreis ›Goldene Kartof-
fel‹ 2020 für Clan-Berichterstattung bei SPIEGEL TV und anderen«, online
unter: https://www.youtube.com/watch?v=p7vWNEALR2U.

33. Ebd.

34. Özarslan, Asli: »Geheimakte Clan – Trickst die Polizei?«, ZDF, 04. September,
2020, online unter: https://www.zdf.de/politik/frontal-21/geheimakte-
clan-frontal-100.html.

35. »Arbeitsgruppe der Berliner SPD will den Begriff Clan-Kriminalität abschaffen«, Berliner Zeitung, 03. Dezember 2020, online unter: https://www.berli
ner-zeitung.de/news/arbeitsgruppe-der-berliner-spd-will-den-begriff-clan-
kriminalitaet-abschaffen-li.123331.

36. Berlin against Pinkswashing: »What is Pinkwashing?«, online unter: https://
berlinagainstpinkwashing.wordpress.com/what-is-pinkwashing-3/.

37. Posener, Alan: »Israel wird seine Toleranz für Schwule vorgeworfen«, Welt,
02. Dezember 2010, online unter: https://www.welt.de/print/die_welt/po
litik/article11339196/Israel-wird-seine-Toleranz-fuer-Schwule-vorgewor-
fen.html.

38. Basad, Judith Sevinç: »Genitalverstümmelung und Terror – Wie die Gender-
forschung Gewalt verharmlost«, Frankfurter Allgemeine, 22. November
2018, online unter: https://www.faz.net/aktuell/feuilleton/debatten/gen
derforscherinnen-verharmlosen-gewalt-gegen-frauen-15902226.html.

39. Föderl-Schmid, Alexandra: »Dieses Buch sollte ein Weckruf sein«, Süddeutsche, 12. Februar 2019, onlineunter: https://www.sueddeutsche.de/kultur/
judith-butler-bds-antisemitismus-1.4324079.

40. Posener, Alan: »Israel wird seine Toleranz für Schwule vorgeworfen«, Welt,
02. Dezember 2010, online unter: https://www.welt.de/print/die_welt/po
litik/article11339196/Israel-wird-seine-Toleranz-fuer-Schwule-vorgewor-
fen.html.

41. https://www.emma.de/artikel/gender-studies-sargnaegel-des-feminis-
mus-334569.

42. Posener, Alan: »Israel wird seine Toleranz für Schwule vorgeworfen«, Welt,
02. Dezember 2010, online unter: https://www.welt.de/print/die_welt/po
litik/article11339196/Israel-wird-seine-Toleranz-fuer-Schwule-vorgewor-
fen.html.

43. Vukadinović, Saša: »Butler erhebt ›Rassismus‹-Vorwurf«, Emma, 28. Juni 2017, online unter: https://www.emma.de/artikel/gender-studies-sargnae gel-des-feminismus-334569.
44. Basad, Judith Sevinç: »FU-Berlin: Studienfach Israelhass«, Salonkolumnisten, 23. November 2017, online unter: https://www.salonkolumnisten.com/fu-berlin-studienfach-israelhass/.
45. Sharif, Lila: »Savory Politics: Land, Memory, and the Ecological Occupation of Palestine«, 2014, online unter: https://escholarship.org/content/qt485943qz/qt485943qz.pdf?nosplash=a1ee0b8a97cdddf7b22bcbb09fd 05c81.
46. Vorwort von *Apartheid Israel*: The Politics of an Analogy. Sean Jacobs (Herausgeber), Jon Soske (Herausgeber), Achille Mbembe (Vorwort), Haymarket Books, 2 November 2015, online unter: https://africaisacountry.atavist.com/apartheidanalogy.
47. Offener Brief an Intendantin der Ruhrtriennale, online unter: https://www.lorenz-deutsch.de/antisemitismus-keine-buehne-bieten/2234/.
48. https://twitter.com/rokhayadiallo/status/1170770489486323712?lang=de.
49. https://twitter.com/rokhayadiallo/status/1171503685328760832?lang=de.
50. Cohen, Elisabeth et al.: »Solidarité avec Gaza : des dérapages ? (Tayush-Belgique)«, Reperes-Antiracistes, 01. August 2014, online unter:
    http://reperes-antiracistes.fr/article-solidarite-avec-gaza-des-derapages-tayush-belgique-124277181.html.
51. https://ilmr.de/2019/rasmea-spricht-palastinensische-frauen-werden-nicht-zum-schweigen-gebracht-veranstaltung-mit-rasmea-odeh-am-27-marz.
52. Abunimah, Ali: »After witnessing Palestine´s apartheid, Indigenous and Women of Color feminists endorse BDS«, Electronic Intifada, 12. Juli 2011, online unter: https://electronicintifada.net/blogs/ali-abunimah/after-witnessing-palestines-apartheid-indigenous-and-women-color-feminists.
53. Ebd.
54. Gümüşay, Kübra: *Sprache und Sein,* Carl Hanser Verlag, Kindle-Positionen 2369–2370.
55. Ebd., 2097–2098.
56. Ebd., 2119–2120.
57. Ebd., 2243.
58. Ebd., 542–543.
59. Ebd., 1563–1564.
60. Ebd., 1600–1601.
61. Ebd., 1027.

62. Haaf, Meredith: »Rechtsliberale Feminismusvariante«, Süddeutsche, 08. September 2018, online unter: https://www.sueddeutsche.de/medien/ma gazin-emma-rechtsliberale-feminismusvariante-1.4120639.

63. Kehler, Marie Lisa: »Kopftuchdebatte endet in Schlägerei«, FAZ, 16. Januar 2020, online unter: https://www.faz.net/aktuell/rhein-main/goethe-uni-frankfurt-kopftuch-debatte-endet-in-schlaegerei-16585977.html.

64. Louis, Chantal: »›Das ist antidemokratisch!‹«, Emma, 17. Januar 2020, online unter: https://www.emma.de/artikel/das-ist-antidemokratisch-337441.

65. Bruns, Hildburg: »Proteste gegen Neuköllns neue Integrationsbeauftragte Güner Balci (45)«, Berliner Zeitung, 01. August 2020, online unter: https://www.bz-berlin.de/berlin/neukoelln/proteste-gegen-neukoellns-neue-integ rationsbeauftrage-guener-balci-45.

66. Haarbach, Madlen: »Neuköllns neue Integrationsbeauftragte wird gleich kri-tisiert«, Tagesspiegel, 06. August 2020, online unter: https://www.tagesspie gel.de/berlin/vorurteile-gegenueber-muslimen-neukoellns-neue-integrati onsbeauftragte-wird-gleich-kritisiert/26069656.html.

67. Schindler, Grederik: »Von EU geförderter Bericht denunziert Islamkritiker«, Welt, 24. Oktober 2019, online unter: https://www.welt.de/politik/deutsch land/article202433918/Islamophob-Von-EU-gefoerderter-Bericht-denun ziert-Islamkritiker.html.

68. Ebd.

69. Ebd.

70. Ebd.

71. Thiel, Thomas: »Der Kurswechsel wird zum Kraftakt«, FAZ, 17. Dezember 2019, online unter: https://www.faz.net/aktuell/feuilleton/debatten/zur-lage-des-juedischen-museums-berlin-16538869.html?premium=0x913345 339340f6951bf532df3e412ca2.

72. https://twitter.com/mamjahid/status/1319233988377169922.

73. https://twitter.com/mamjahid/status/1319234144812044290.

74. https://twitter.com/tazgezwitscher/status/1321532185661366272.

75. »Erdogan kündigt juristische Schritte an«, Tagesschau, 28. Oktober 2020, online unter: https://www.tagesschau.de/ausland/erdogan-karikatur-frankreich-101.html.

76. Von Rohr, Mathieu: »Warum Europa wieder in den Lockdown geht«, Spiegel, 26. Oktober 2020, online unter: https://www.spiegel.de/politik/ausland/news-donald-trump-amy-coney-barrett-corona-emmanuel-macron-recep-tayyip-erdogan-a-3ced710c-00a0-42eb-ba4d-d88179333ae5.

77. Charlton, Angela: »AP Explains: Why France sparks such anger in Muslim world«, AP news, 31. Oktober, 2020, online unter: https://apnews.com/ar ticle/boycotts-paris-middle-east-western-europe-france-ee594f94f34f4d7 e04d12a60b67eacc1.

Wenn sich Journalisten mit Aktivisten verwechseln

1. Noelle-Neumann, Elisabeth: *Die Schweigespirale: Theorie der öffentlichen Meinung.* München 2001.

2. Kreutzer, Tobias: »Auch im Netzt regiert die Schweigespirale«, FAZ, 26. August 2014, online unter: https://www.faz.net/aktuell/feuilleton/medien/studie-auch-im-netz-regiert-die-schweigespirale-13118570.html.

3. https://twitter.com/JSevincBasad/status/1286991514065940480.

4. Hofmann, Kristina: »»Warum sollen andere vorurteilsfrei sein?«, ZDF, 10. August 2020, online unter: https://www.zdf.de/nachrichten/politik/rassismus-weiss-schwarz-mansour-arndt-100.html.

5. Klaus, Julia, Kevin Schubert: »Wir sind weiß und privilegiert«, ZDF, 15. Juni 2020, online unter: https://www.zdf.de/nachrichten/politik/rassismus-kritisches-weisssein-erfahrungen-100.html.

6. https://twitter.com/MalcolmOhanwe/status/1212206177100214272.

7. https://twitter.com/MalcolmOhanwe/status/1212512231948214274.

8. https://twitter.com/MalcolmOhanwe/status/1212531494700408832.

9. »Wo versteckt sich Rassismus?«, ARD, 05. August 2020, online unter: https://www.ardmediathek.de/ard/video/puls-reportage/wo-versteckt-sich-rassismus/br-de/Y3JpZDovL2JyLmRlL3ZpZGVvLzRmZDRmOWMzLTVkYz-QtNDJiZC05OTc4LTExNzAyYWEwNTg2Zg/.

10. Baxdar, Idil, Patrick Dewayne: Wo beginnt Rassismus?«, ARD, 03. September 2020, online unter: https://www.ardmediathek.de/ard/video/hauptsache-kultur/wo-beginnt-rassismus/hr-fernsehen/Y3JpZDovL2hyL-W9ubGluZS8xMDg3MjQ/.

11. »Rassismus-Check«, ARD, 04, Oktober 2020, online unter: https://www.ardmediathek.de/ard/video/respekt/rassismus-check/ard-alpha/Y3JpZDovL2JyLmRlL3ZpZGVvLzI2NTU2NDA4LWEwZjQtNDFiOC1hM-GE1LTQwMDg1ZjQ4ZjAyZg/.

12. Meyer, Lydia: »»Oh, ich bin ja weiß'«, Zeit.de, 08 Juli 2020, online unter: https://www.zeit.de/video/2020 07/6170114940001/rassismus-oh-ich-bin-ja-weiss.

13. Stettler, Luzia: »Kämpferin gegen den verstecken Rassismus«, SRF, 15. Mai 2019, online unter: https://www.srf.ch/kultur/literatur/rassismus-im-alltag-kaempferin-gegen-den-versteckten-rassismus.

14. https://www.facebook.com/tagesschau/posts/10159257383574407.

15. Hyatt, Millay: »Weißsein als Privileg«, Deutschlandfunk, 03. Mai 2015, online unter: https://www.deutschlandfunk.de/critical-whiteness-weisssein-als-privileg.1184.de.html?dram:article_id=315084.

16. Haidt, Jonathan: The Righteous Mind: Why Good People are Divided by Politics and Religion, London 2013.

17. https://twitter.com/JSevincBasad/status/1283104337196179458.

18. Buhre, Jakob: »Bernd Wagner: Ich mache das für die Aussteiger, die die Einsicht gewonnen haben, Totalitarismus zu verwerfen.«, Planet Interview, 24. November 2020, online unter: https://www.planet-interview.de/interviews/bernd-wagner/52059/.

19. »Mehrheit der Deutschen äußert sich in der Öffentlichkeit nur vorsichtig«, Welt, 22. Mai 2019, online unter: https://www.welt.de/politik/article1939 77845/Deutsche-sehen-Meinungsfreiheit-in-der-Oeffentlichkeit-eingeschra enkt.html.

20. Schnieder, Berlin: »›Wir habenkein Problem mit der Meinungsfreiheit‹: Wie der deutsche Bundespräsident den Fall Lucke ausblendet«, Neue Züricher Zeitung, 22. November 2019, online unter: https://www.nzz.ch/feuilleton/ meinungsfreiheit-und-die-universitaeten-steinmeiers-rede-ld.1523230.

21. https://twitter.com/JSevincBasad/status/1198919293217447937.

22. May, Philipp: »Künast (Grüne): Der Hass hat sich vervielfältigt«, Deutschlandfunk, 31. Dezember 2020, online unter: https://www.deutschlandfunk. de/kampf-gegen-rechtsextremismus-kuenast-gruene-der-hass-hat.694.de. html?dram:article_id=466896.

23. Anwar, Shanli: »Wenn Hass aus dem Netz das Leben bedroht«, Deutschlandfunk Kultur, 22. November 2019, online unter: https://www.deutschland funkkultur.de/debatte-um-don-alphonso-wenn-hass-aus-dem-netz-das-le ben.2156.de.html?dram:article_id=464119.

24. https://twitter.com/_donalphonso/status/1195656683965632512.

25. Anwar, Shanli: »Wenn Hass aus dem Netz das Leben bedroht«, Deutschlandfunk Kultur, 22. November 2019, online unter: https://www.deutschland funkkultur.de/debatte-um-don-alphonso-wenn-hass-aus-dem-netz-das-leben.2156.de.html?dram:article_id=464119.

26. »Rolle professioneller Publizisten bei rechten Hass-Kampagnen rückt in den Fokus«, Deutschlandfunk, 20. November 2019, online unter: https://www. deutschlandfunk.de/soziale-medien-rolle-professioneller-publizisten-bei.2852.de.html?dram:article_id=463920.

27. Anwar, Shanli: »Wenn Hass aus dem Netz das Leben bedroht«, Deutschlandfunk Kultur, 22. November 2019, online unter: https://www.deutschland funkkultur.de/debatte-um-don-alphonso-wenn-hass-aus-dem-netz-das-leben.2156.de.html?dram:article_id=464119.

28. https://twitter.com/JSevincBasad/status/1200780173865607168.

29. https://twitter.com/jsevincbasad/status/1317844687340929024.

30. https://twitter.com/JSevincBasad/status/1357060374814720002.

31. Neufeld, Dialika: »›Ich habe euch durchschaut«, Spiegel, 08. September 2020, online unter: https://www.spiegel.de/kultur/jasmina-kuhnke-twit tert-gegen-rechts-im-happyland-der-weissen-a-00000000-0002-0001-0000-000172863232.

32. Baetz, Brigitte: »Wir sind nicht geschützt«, Deutschlandfunk, 18. November 2020, online unter: https://www.deutschlandfunk.de/hass-gegen-publizisten-wir-sind-nicht-geschuetzt.2907.de.html?dram:article_id=463692.

33. https://twitter.com/Hallaschka_HH/status/1289548145903378433.

34. https://twitter.com/JSevincBasad/status/1347291998580043776.

35. »Rolle professioneller Publizisten bei rechten Hass-Kampagnen rückt in den Fokus«, Deutschlandfunk, 20. November 2019, online unter: https://www.deutschlandfunk.de/soziale-medien-rolle-professioneller-publizisten-bei.2852.de.html?dram:article_id=463920.

36. https://twitter.com/Tagesspiegel/status/1350016511134601217.

37. https://twitter.com/YounesZhour/status/1351231056196861955.

38. Kuhnke, Jasmina: »Wenn Schwarrz-sein zum Makel gemacht wird«, Volksverpetzer, 18. Januar 2021, online unter: https://www.volksverpetzer.de/kommentar/tagesspiegel-jasmina-kuhnke/.

39. https://twitter.com/Hatice_Ince_/status/1350125701580681217.

40. https://twitter.com/MajaWeber1/status/1350769721612894213.

41. »CancelCulture: Aktivismus oder Intoleranz?«, ZDF, 20. November 2020, online unter: https://www.zdf.de/dokumentation/zdfzoom/zoomin-cancelculture-aktivismus-oder-intoleranz-102.html.

42. https://twitter.com/jk_rowling/status/1269407862234775552.

43. Bostock, Bill: »A UK judge ruled that it is legal to fire workers for saying that transgender women are not real women«, Insider, 19. Dezember 2019, online unter: https://www.insider.com/uk-ruling-legal-fire-employee-said-transwomen-not-real-women-2019-12.

44. Boroff, David: »Why do people think JK Rowling is dead? #RIPJKRowling trend explained«, The Sun, 14. September 2020, online unter: https://www.the-sun.com/news/1471616/jk-rowling-dead-rip-harry-potter-author-twitter/.

45. Nolan, Emma: »J. K. Rowling Book Burning Videos Are Speading Like Wildfire Across TikTok«, Newsweek, 16. September 2020, online unter: https://www.newsweek.com/jk-rowling-books-burned-tiktok-transgender-issues-1532330.

Schluss: Wohlstandsverwahrlosung oder der Narzissmus der Bildungseliten

1. Žižek, Slavoj: »Wir weiden uns am Unglück der anderen. Warum wir in den ideologischsten aller Zeiten leben«, 27. August 2019, online unter: Neue Zürcher Zeitung, https://www.nzz.ch/feuilleton/slavoj-zizek-die-linke-ist-selbstschuld-an-trump-ld.1503564.